COLUCHE

DU MÊME AUTEUR

La Face cachée de Didier Deschamps, First, 2013.

Morts étranges 2, L'Archipel, 2012.

Dalida, une vie brûlée, L'Archipel, 2007 ; Archipoche, 2012.

Annie Girardot, une vie dérangée, Flammarion, 2011 ; Archipoche, 2013.

Célébrités, 16 morts étranges, L'Archipel, 2010 ; Archipoche, 2011.

Ces maladies créées par l'homme : comment la dégradation de l'environnement met en péril notre santé, avec Dominique Belpomme, Albin Michel, 2004.

La Double Mort de Romy, Albin Michel, 2002 ; *Les Deux Vies de Romy Schneider*, Pocket, 2012.

Mouna Ayoub, l'autre vérité, Presses du Châtelet, 2001.

Claude François, le Livre du souvenir, avec Stéphanie Lohr, Sand, 1997.

Je dis tout : les secrets de l'OM sous Tapie, avec Jean-Pierre Bernès, Albin Michel, 1995.

Patricia Kaas, ombre et lumières, Michel Lafon, 1994.

J'irai plaider sur vos tombes, entretiens avec Gilbert Collard, Michel Lafon, 1993.

Coluche, le Livre du souvenir, Sand, 1993.

Montand, le Livre du souvenir, Sand, 1992 ; J'ai Lu, 2011.

Gainsbourg, le Livre du souvenir, Sand, 1991 ; rééd. 2006.

McEnroe, champion rebelle, Calmann-Lévy, 1981.

La Tornade, avec Jean-François Larios, Solar, 1980.

Un vélo dans la tête, avec Cyrille Guimard, Solar, 1980.

Moi, Bernard Hinault, avec Bernard Hinault et Olivier Rey, Calmann-Lévy, 1978.

Borg, Connors, Vilas ; les cannibales, avec Francis Haedens, Calmann-Lévy, 1977.

BERNARD PASCUITO

COLUCHE

ARCHIPOCHE

Le présent livre constitue
une version revue et augmentée de
Coluche, toujours vivant, paru
aux éditions Payot en 2006.

Notre catalogue est consultable à l'adresse suivante :
www.archipoche.com

Éditions Archipoche,
34, rue des Bourdonnais
75001 Paris

ISBN 978-2-35287-633-5

UN AUTRE COLUCHE

Il y a au moins un point commun entre Édith Piaf et Coluche : on n'a jamais cessé, depuis leur mort, de leur chercher des successeurs. En vain. Cela fait un peu plus de cinquante ans que l'on « découvre » régulièrement la nouvelle Piaf. Et, depuis 1986, le nouveau Coluche s'est annoncé à plusieurs reprises. L'exercice a au moins ceci de réjouissant qu'il permet à chaque fois de remettre les esprits en place : Piaf est unique, et sans doute un peu plus que cela encore. Et Coluche est inimitable, quoi qu'on en dise.

Il n'a pas seulement incarné une forme de comique, ni lancé un genre. Il est ce genre, et sa manière d'être drôle n'appartiendra jamais qu'à lui seul. C'est si vrai que son jeu, ses onomatopées, sa gestuelle, dans la forme et jusqu'au fond de ses sketches semblent relever parfois d'un passé enfoui.

Un passé dépassé ? Les enfants de dix-douze ans, qui font de lui leur idole, ces temps-ci, semblent nous dire le contraire. Et d'ailleurs, pourquoi Coluche serait-il plus désuet aujourd'hui que Charlie Chaplin, Buster Keaton ou les Marx Brothers ?

Le seul danger qui le guette désormais, ce n'est pas d'être oublié mais d'être pétrifié, telle une statue figée dans sa légende. À force d'être inimitable, on se retrouve bien seul. Et intouchable.

Heureusement, pour l'aider à vivre encore dans nos yeux, il y a les Restos du cœur. La formidable machine à nourrir les pauvres qui se remet en marche au début de chaque hiver. Des millions de repas que l'on quête pour les offrir, un immense élan de générosité.

Les Restos du cœur qu'il a inventés le jour où, pendant son émission de radio, il se faisait presque engueuler par un auditeur au bord des larmes : « On donne de l'argent pour la faim dans le monde, pour tous ceux qui souffrent un peu partout ailleurs, mais ici, en France, il y en a qui crèvent et tout le monde s'en fout… » C'était à son tour de pleurer et de décider, sur l'instant, qu'il allait faire quelque chose.

C'était le 26 septembre 1985. Un peu moins de trois mois plus tard, la lueur d'espoir s'est transformée en quelque chose de bien concret. Le 14 décembre, les Restos du cœur existent officiellement et le premier repas est servi à Nœux-les-Mines une semaine plus tard. Le défi consiste à distribuer deux à trois mille repas par jour… À la fin de l'hiver, 8 millions de repas ont été servis par 5 000 bénévoles. Impressionnant, certes. Mais un chiffre qui ferait presque sourire quand on le compare aux 130 millions de repas servis au cours de l'hiver 2012-2013 par 66 000 bénévoles, pour un million de malheureux !

L'autre idée géniale de Coluche, c'est d'avoir demandé à Jean-Jacques Goldman, en janvier 1986, de lui écrire une chanson pour ses Restos. Trois ans après qu'un accident de moto l'a emporté à jamais naît la première tournée des Enfoirés. Un commando d'élite composé de Michel Sardou, Johnny Hallyday, Véronique Sanson, Eddy Mitchell et, bien sûr, Jean-Jacques Goldman. Rien que ces cinq-là, ce qui paraît peu quand on les compare au nombre de vedettes qui se pressent désormais chaque année dans les tournées des

Enfoirés, vendues ensuite en CD et en DVD. Mais déjà un triomphe, et une manière de générer de l'argent, nerf absolu de la guerre contre la pauvreté.

Car la guerre continue, hélas, plus névralgique que jamais. Les besoins augmentent chaque année qui voit un peu plus d'êtres humains laissés sur le carreau.

Dans ces moments, nous n'avons plus beaucoup le cœur à sourire des blagues de Coluche le trublion. Son œuvre, c'est vrai, a fini par brouiller son image, le comique grossier et provocateur a une âme, définitivement. Et elle est belle.

Tout près des éclats de rire et des éclats de colère, des provocations et des déguisements carnavalesques que l'on retrouve dans les pages qui suivent, il y avait un sacré bonhomme épris de justice et empli de compassion.

Suffisamment pour que son combat continue trois décennies après sa mort.

Réhabilité, « réinséré » dans le cœur de tous, il grandit et, avec lui, son auréole.

Plus beau mort que vivant ? Sans doute pas. Mais tellement plus proche. Au point que ceux qui auraient bien aimé, parfois, le brûler, rêvent maintenant de le sanctifier et pourquoi pas de le béatifier (!), comme ce fut, semble-t-il, sérieusement envisagé !

Décembre revient bientôt. Les Restos du cœur vont encore déferler sur la misère. Ils sont aujourd'hui une part de notre vie. Lui aussi est une part de quelque chose enfoui au fond de nous. Un peu de fierté, d'histoire, de légende déjà. Combien de tendresse ?

On n'a plus tellement envie de rire. On ne le trouve même plus drôle. On a compris – mais quand ? – que le clown en salopette, c'était bien autre chose.

Pas forcément mieux, autre chose.

Ses Restos sont là pour nous crier qu'avant on n'avait pas su voir.

Est-il trop tard pour regarder ?

On se jette en arrière, on repart vers lui, on s'empare de ses images, les fausses comme les vraies, on les découpe en tranches. En tranches de vie. En morceaux de bravoure. En coups de blues et en coups de cœur. Et on relit cette vie. Et on le redécouvre. Et on le voit avec d'autres yeux. Un nouveau regard.

MONTROUGE

Ma mère me disait : « Si tu sors dans la rue, fais bien attention qu'il ne t'arrive rien. » Mais s'il ne t'arrive rien, c'est ce qui peut t'arriver de pire quand t'es môme.

Coluche

L'ironie est lourde. Le trait méchant. La plaisanterie définitive. Quand la vie fait de l'humour, il est souvent noir.

Coluche est encore Michel Colucci et il tourne tout juste autour de ses trois ans. Son destin bascule une première fois : Honorio Colucci, son père, meurt brutalement à trente et un ans.

Fils de petit bourgeois d'origine italienne, Michel devient en quelques secondes et pour pas mal d'années un petit pauvre, rital et orphelin de père… La vie a décidé de se marrer un bon coup sur son dos. Et vous trouvez ça drôle ?

Plus tard, ce sera à lui de pratiquer l'humour noir. De choquer, de faire parfois frémir d'horreur. Avec cette mauvaise joie qu'on met souvent à se venger de vilains souvenirs.

Le mauvais goût était venu lui taper sur l'épaule quand il était encore bébé. Alors personne ne viendrait lui donner de leçon dans ce domaine.

A-t-on idée de tuer votre père comme ça, pour rien, de transformer votre univers et de faire de vous une victime en bas âge ! Ses détresses de ces années-là – celles qui ont suivi –, le petit Michel ne les pardonnera jamais. À qui ? À quoi ? Allez donc savoir, en tout cas, il ne les pardonnera pas…

Tout avait si bien commencé ! D'un côté, Simone, la maman. Bouyer, de son nom de jeune fille. Simone, dont le père, Marius, est coiffeur pour dames. D'abord pour les autres, puis très vite à son compte. Quelques chambres de bonne transformées en appartement hébergent confortablement la famille Bouyer du côté du boulevard Montparnasse. Plus tard, Marius prendra un salon avenue du Roule, dans le XVIe arrondissement, belle marque de réussite. Chez les Bouyer, on travaille aussi à l'avenir de ses enfants. Simone, que tout le monde surnomme déjà Monette, fait des études suffisamment poussées pour obtenir un brevet de secrétariat.

À dix-sept ans, elle entre chez Baumann, le grand fleuriste parisien. Un peu de piston (sa tante y est chef de livraison) et beaucoup d'enthousiasme lui obtiennent rapidement une place de choix dans le magasin. Les patrons, en personne, lui apprennent le métier, lui confient parfois leurs enfants, la chouchoutent et la spécialisent peu à peu dans la composition des bouquets.

Le samedi soir, comme toutes les filles de son âge, elle va « guincher » rue de la Gaîté, à Montparnasse, dans le parfum tranquille d'une avant-guerre remplie d'insouciance et de légèreté.

Souvent, elle se retrouve au Petit Moulin, mais elle accompagne aussi Robert, son frère, à La Belle Polonaise, un café qui fait face au théâtre Bobino.

Là, des dizaines de jeunes gens naviguent entre les tables, roulent des épaules, serrant des mains, lançant des œillades mortelles aux jolies filles qui s'attablent pour quelques minutes ou ne font que passer.

Robert a sa bande de connaissances, de copains dont on ne sait que le prénom. Tous séducteurs, tous forts en gueule, ils rivalisent de Gomina sur les cheveux et d'extravagance dans leurs vêtements. Honorio Colucci ne fait pas bande à part dans ce domaine.

Mais lui, au moins, a l'excuse d'être rital... Qui oserait lui reprocher de trop en faire ?

Sa famille, venue des environs de Naples, est installée dans la banlieue parisienne depuis une vingtaine d'années.

Il ne fait pas grand-chose dans la vie, vagabonde souvent du côté de Montparnasse en quête d'aventure, se parfume allègrement les soirs de java, traîne le reste du temps, mais il est sympathique en plus d'être séduisant.

Quand il lorgne du côté de Monette, Robert est le premier à venir lui donner un coup de main. Et même à arranger une présentation du prétendant à M. et Mme Bouyer, alors que la jeune fille est loin d'être enthousiaste. Mais Honorio plaît à madame qui lui trouve l'allure d'un gentleman. Monsieur est plus réticent : ce garçon qui ne fait rien ne lui inspire pas grande confiance. La guerre arrache momentanément Honorio à l'affection très mesurée de Monette.

Insensible au peu de chaleur qu'il reçoit en échange de son empressement, il continue de s'enflammer par lettres du fond de son bled algérien. Quand il rentre en métropole, tout de suite après la défaite, c'est pour demander Monette en mariage !

La main de la jeune fille lui est accordée même si M. Bouyer continue d'avoir des doutes...

21 octobre 1941 : les Italiens sont largement majoritaires au mariage d'Honorio et Monette. Que la jeune fille épouse un « rital », en pleine guerre, n'a pas

engendré une ferveur délirante dans l'entourage des Bouyer. Même les Baumann, les patrons de Monette, auxquels la nouvelle a été annoncée le plus tard possible, ont marqué leur déception : par un banal bouquet le jour des noces.

Les temps sont durs pour le jeune couple. D'autant qu'Honorio a du mal à trouver du travail. Il peint mais, en pleine guerre, les propositions n'affluent pas. Qui a vraiment envie de faire exécuter des travaux de peinture alors qu'un bombardement peut raser un immeuble ou une maison en quelques secondes ?

Le bâtiment retrouvera des couleurs après la guerre (toute la famille d'Honorio compte dessus !), mais pour le moment, c'est le grand vide. Comme le magasin de Baumann marche très moyennement, lui aussi (on pense plus à trouver à manger qu'à acheter des fleurs), Monette et Honorio ont bien du mal à joindre les deux bouts. À Montrouge, dans la banlieue grise de Paris, un univers sans joie composé de petits pavillons sans éclat, de HLM, d'ateliers et d'entrepôts, les Colucci dénichent, rue Émile-Boutroux, une pièce plus une cuisine... C'est minuscule et ça le devient plus encore quand Danièle, le premier enfant du couple, vient au monde. On se serre, en attendant les jours meilleurs qui, d'ailleurs, ne se profilent pas. Monette continue à travailler chez Baumann, mais elle souffre d'une scoliose d'autant plus ennuyeuse qu'elle n'a jamais été soignée. Courageuse, elle essaie de dépasser les souffrances qui l'accablent régulièrement. Deux fois déjà, elle a dû être opérée, et ses jambes la font souffrir atrocement, au point que le dimanche, son seul jour de repos, elle reste allongée toute la journée.

Pas question pourtant de renoncer à travailler : si la petite famille survit, c'est grâce à son salaire, même si l'aide financière apportée par ses parents et par Maria, la mère d'Honorio, n'est pas négligeable.

Plutôt que d'en faire moins, Monette va même en faire plus : sa journée de fleuriste terminée, elle vend désormais des billets de loterie dans le café d'un ami du couple, Henri Schmitt ! C'est Henri qui a proposé le travail à la jeune femme tant il sentait le ménage Colucci en difficulté.

Heureusement, la guerre touche à sa fin. Bientôt, de nouvelles perspectives s'ouvriront à Honorio. Il aura du travail à ne plus savoir qu'en faire quand le bâtiment sera reparti. Monette pourra se reposer.

Le 28 octobre 1944 à 18 h 20, la courageuse Monette met au monde son deuxième enfant : Michel, Gérard, Joseph Colucci. La France est libre depuis quelques semaines et cet enfant qui naît en automne annonce le printemps. Très vite, toute la famille Colucci participe activement à la reconstruction de la France. Comme prévu, tout le monde y gagne.

Les années qui s'ouvrent sont souriantes, pleines d'espérance.

1947. Le drame. La mort d'Honorio. Et Monette se retrouve vraiment seule. Si ce n'était Maria, la tendre belle-mère au cœur d'or, on pourrait dire que toute sa belle-famille l'a oubliée, elle et ses enfants, en moins de temps qu'il n'a fallu pour enterrer Honorio.

Une manière de lui signifier qu'elle n'a jamais fait partie du clan.

Maria fait ce qu'elle peut pour compenser. Elle vient régulièrement voir ses petits-enfants, leur apporte des cadeaux, leur prodigue sa tendresse. C'est une vraie grand-mère et le petit Michel ne l'oubliera jamais.

Il n'oubliera jamais non plus la solitude de sa mère, ses difficultés à les élever, l'abandon dans lequel elle s'est retrouvée avec ses enfants. Et puis la misère, tout de même, qui rôdait malgré le courage de Monette.

« La misère, dira-t-il plus tard, c'est comme un grand vent qui vous déboule dans la gueule et qu'arrête pas de souffler dans la même direction… on apprend ça quand on est tout petit. »

Monette, veuve à vingt-sept ans, fait tout pour épargner à ses enfants l'amère expérience de la misère. Elle travaille plus encore. Depuis son départ de chez Baumann, elle continue à La Belle Polonaise, mais elle effectue aussi des remplacements chez plusieurs fleuristes.

Le soir venu, elle va encore travailler dans un laboratoire pharmaceutique, à Montrouge, avant de rentrer chez elle, enfin, épuisée, vaincue.

Ce n'est pas la vie dont elle rêvait. Elle n'y avait pas été préparée par son enfance. Surtout, elle n'aurait jamais imaginé faire vivre « ça » à ses enfants.

Dans cet univers misérable, elle se cogne chaque jour, chaque nuit surtout, à une immense sensation d'échec.

Curieuses années que celles de la petite enfance de Michel Colucci : en porte-à-faux avec le monde dans lequel elle se débat, sa mère le décroche peu à peu de la réalité.

La pauvreté, elle l'accepte pour elle, pas pour ses enfants. Elle veut qu'ils vivent, qu'ils grandissent comme ceux des quartiers où elle travaille, ceux qui n'ont pas de problème. Qu'ils ne manquent de rien ? Pas suffisant. Pour eux, elle veut plus.

Alors, elle rogne sur tout, compte et recompte, économise sou à sou.

L'appartement est minuscule, il faut se laver dans l'évier, mais dans leur « une pièce-cuisine », impossible de trouver un grain de poussière. Et dès qu'elle a trois sous, c'est pour habiller Danièle et Michel « comme ils le méritent », comme des petits princes. Au point qu'ils détonnent dans leur banlieue, dans leur rue, dans leur immeuble. Et bientôt dans leur école.

Déchirée entre deux mondes, celui dont elle rêvait et celui qui lui est imposé par la fatalité, Monette a choisi : elle rejette Montrouge, sa grisaille, sa misère. Quitte à fausser les cartes.

« Ma mère nous habillait pareil ma sœur et moi, dira Coluche bien plus tard. Elle voulait qu'on soit impeccables, une spécialité de pauvres. Comme d'avoir de grandes idées[1]. »

Dans sa volonté de tout enjoliver, elle va jusqu'à leur réinventer un père dont l'image – un tant soi peu idyllique – ne correspond pas précisément à celle du pauvre Honorio. Les aide-t-elle autant qu'elle les aime ? Pas sûr. Résultat, Michel va se trouver écartelé – trop jeune – entre deux vies.

Il va devoir choisir brutalement entre la réalité de Montrouge et le Montparnasse rêvé de Monette. Le temps du grand chambardement dans sa tête de môme. Les manques qui se bousculent, les absences qui se heurtent aux frustrations, les tentations qui le dévorent.

Il y a les questions que, déjà, on n'ose plus poser. Les réponses que l'on craint parce qu'on ne sait jamais si elles correspondent à une quelconque vérité.

Comment trouver son équilibre dans un univers si factice, si composé ?

Alors, il s'invente une histoire. Il se dira à l'occasion orphelin de naissance ou encore pupille de la nation ! Il jurera dur comme fer et contre les dires de tous les siens que, dans leur « une pièce-cuisine », il n'y avait pas de toilettes et qu'ils devaient aller sur le palier…

---

1. *Le Point*, 22 décembre 1975.

Petits mensonges dérisoires qui en disent pourtant si long sur son égarement. Dans lesquels on trouve surtout la réponse à la grande question de son enfance : pour quel monde opter ? C'est la banlieue qu'il choisit, lassé de naviguer entre deux mondes. Et, avec elle, la pauvreté et une étiquette sociale qu'il arborera plus tard comme un drapeau. Tant pis pour Monette et ses rêves de grandeur. À dix ou onze ans, Michel ne veut plus de cette tricherie désespérée : son monde à lui, c'est Montrouge !

Trente ans plus tard, c'est là qu'il sera enterré, dans le cimetière de « sa » ville jamais désertée. Comment ne pas y voir plus qu'un simple symbole de fidélité ?

Dix ans, c'est l'âge où il commence à se durcir. À se révolter contre le chagrin. C'est aussi l'âge où il se découvre cette arme terrible : l'ironie. Il apprend qu'on peut rire de tout et que ça sert très efficacement dans la vie. Surtout quand, comme lui, on a quelques vilaines blessures au cœur. Parce qu'on ne lui a jamais vraiment apporté de réponses au sujet de son père, ou qu'on lui en a tracé un portrait auquel il ne croit pas tout à fait, il réglera son compte, devenu Coluche, à l'image trop floue de son enfance.

Quand, pour son émission « Tenue de soirée », sur Europe 1, Jean-Claude Brialy lui rappelle qu'il a perdu son père très jeune, la repartie jaillit, violente, ironique et tellement désemparée :

« Perdu ton père ! Perdu ton père ! On dirait que c'est moi qui l'ai égaré ! Non, c'est lui qui est mort… Nous, on aurait bien aimé le garder. »

Il n'admettra jamais, non plus, d'être catalogué comme nouveau riche.

« Moi, je suis un ancien pauvre », lance-t-il, provocant, à chaque fois qu'on l'asticote sur le sujet.

Même s'il ne le reconnaît pas toujours, la misère de son enfance va l'accompagner tout au long de sa vie, comme une musique de film lancinante, un thème obsessionnel.

« Il avait un mépris célinien du humble, écrit François Caviglioli, fait de colère, de pitié et de terreur rétrospective qu'il éprouvait au sommet de sa carrière devant l'enfer d'ennui et de grisaille auquel il avait échappé. Comme pour se délester de sa "misère" originelle, il ira très loin parfois… »

Dramatique et théâtral : « On était même pas ouvriers, on était pupilles de la nation… »

Émouvant et romantique : « Une pièce pour trois à Montrouge. Quand on regardait l'horizon, on voyait que des cheminées au-dessus des toits, des cheminées d'usine. »

Méchant et provocateur : « Les pauvres sont des cons. »

Sensible et réaliste : « Je parle pour les mecs dont je me sens non pas solidaire : originaire. Je suis et je ne serai jamais que l'un d'eux. Aujourd'hui, même si on me disait : "Tu vas être tout le temps milliardaire, même si tu ne travailles plus", je ne pourrais pas être milliardaire. Je suis né comme ça, je vis comme ça : c'est tout[1]. »

À l'école communale, il choisit donc son univers, son monde. Et ses armes.

Les grossièretés de langage, il les maîtrise rapidement avec une intelligence qui désespère sa mère, plus que jamais en quête d'honorabilité. Michel va systématiquement vers les paumés, fils de paumés. Et il parle leur langage mieux qu'eux.

---

1. À Danièle Heymann.

Au point que Monette se révolte souvent, le menace quand il va trop loin, à table par exemple... « Je lui répétais souvent : Michel, si je t'entends dire encore de pareilles choses, je te couds un uniforme et je t'envoie en pension ! Il me répondait, l'air triste : Oh non ! Pas la pension pour Mimi[1]. »

Il n'en a d'ailleurs plus pour longtemps à s'entendre appeler Michel ou Mimi. Ses meilleurs copains commencent à le surnommer Coluche, proche de Colucci, bien sûr, mais aussi de coqueluche...

« Je porte un nom de maladie », dira-t-il souvent.

S'il passe ses journées à l'école primaire de Montrouge, un lourd bâtiment triste de brique rouge et de béton gris au 57 de la rue de Bagneux, il fait parallèlement l'apprentissage de la rue. Et bientôt, il la connaît par cœur. Comme tous les gamins pauvres. C'est là qu'il commet ses premières bêtises, là qu'avec sa petite bande il organise ses premiers chahuts.

En classe, il rit moins. Il s'éteint même, assommé d'ennui dès qu'il est assis derrière son pupitre. Très vite, il se taille une réputation de cancre. Il ne veut rien apprendre ! Chahuter, c'est bien sûr plus drôle que de passer des heures à écouter les cours de calcul, dictée, histoire ou géographie...

Ses bouts de buvard finissent le plus souvent dans l'encrier du voisin. Il trempe les craies dans le vinaigre pour qu'elles n'écrivent plus sur le tableau. Fabrique des boulettes de papier mâché qui restent collées au plafond... Bref, il s'amuse comme un petit fou et les sanctions tombent : paires de gifles, coups de règle sur les doigts, punitions de toutes sortes...

Rien ne l'arrête.

---

1. Cité par Philippe Boggio pour son livre *Coluche*, Flammarion, 1991.

Il est cancre et rebelle à la fois, il a choisi là encore sa voie et personne ne peut l'en détourner. Il veille cependant à une chose essentielle qui guidera le reste de sa vie : faire tout pour être le meilleur dans le domaine qu'il s'est choisi !

Gagné : à l'école de la rue de Bagneux, il est devenu la terreur des « instits ». Les malheureux sont même soulagés quand Michel fait l'école buissonnière, ce qui lui arrive de plus en plus fréquemment.

« Je séchais les classes, a-t-il souvent raconté. Quitte à me faire attraper le soir quand ma mère rentrait, je préférais que ce soit pour quelque chose de sérieux. L'école, ça ne sert qu'à apprendre à lire, écrire et compter. Le reste, c'est complètement inutile. »

Mais il se montre si cancre que son instituteur le trouve, justement, incapable de lire, d'écrire ou de compter correctement. Il n'arrive pas à aligner une phrase sans faire au moins une faute d'orthographe par mot !

« Tu n'auras jamais le certificat d'études », lui dit-on quelques semaines avant de le présenter à l'examen.

Le matin du grand jour, Michel décide de relever le défi. Il va « leur » montrer que quand il veut il peut.

Sa dictée, il l'écrit avec un soin fou. Et s'y s'applique tant qu'il ne commet, en tout et pour tout, qu'une seule faute ! Son défi gagné, il ne retourne même pas à l'école, l'après-midi, pour la suite des épreuves !

« J'avais prouvé que je pouvais l'avoir leur truc. Alors, l'après-midi, je suis allé au ciné voir Marilyn. Je ne peux pas dire quel film c'était. On ne regardait que son cul et ses seins. »

« On », c'est sa bande de copains aussi paumés que lui. Tous ces gosses entre quatorze et seize ans qui ne savent pas ce qu'ils feront plus tard et, surtout, qui n'ont, pour le moment, aucune envie. Alors, ils font les quatre cents coups dans Montrouge où ils s'éparpillent et se croisent souvent par petites bandes. Celle de Michel, c'est la Solo. Du nom de la cité, Solidarité... De temps en temps, ils fauchent une « mob », ou descendent des carreaux à coups de pierres, comme ça, pour rigoler un peu.

« On était assez nombreux, se souvenait Coluche. Certains, je les ai connus dans les commissariats. On était souvent fourrés chez les flics. Si t'as entre douze et seize ans et que t'habites en banlieue, t'es classé délinquant d'office. »

Délinquant, il ne le deviendra jamais vraiment. Même s'il a reconnu qu'il aurait pu être un voyou, qu'il en est même passé très près.

Ce qui le sauve, c'est l'exemple de sa mère et l'amour qu'elle lui porte.

Monette continue de se saigner aux quatre veines pour élever ses enfants. Elle rentre harassée le soir et repart travailler le lendemain matin sans avoir récupéré. En ratant volontairement son certificat d'études, Michel lui a causé une grande peine. Il le sait. Comme il sait qu'à tous les soucis de sa mère vient s'ajouter désormais celui de ne pas savoir ce que son fils deviendra. Il n'a que quinze ans, mais il comprend une chose : il ne doit pas continuer à décevoir Monette.

Pour ce qui est des études, c'est définitivement compromis. Alors, à lui de trouver une autre solution...

Il décide de commencer à travailler. Comme un homme qu'il n'est pas encore. Tête brûlée et ingouvernable, il sait pourtant que tout se paie, qu'il ne peut vivre éternellement aux crochets de sa mère :

« Un jour on s'est aperçus qu'on avait quinze ans. Qu'est-ce qu'on allait foutre de notre vie ? À Montrouge, on ne voyait que des cheminées d'usines et des HLM. C'était pas gai-gai. Les uns pensaient à devenir voleurs ; les autres commerçants, parce que les commerçants sont des voleurs qui ont le droit de l'être. Moi je raisonnais à l'envers : je voulais devancer l'appel pour être revenu plus vite du service militaire, épouser plus vite une petite et posséder un Frigidaire sur cour. Ça ne tenait pas debout… » Il se gratte le nez : « Alors j'ai dit aux copains qu'on était des cons ; qu'il fallait faire comme les gens intelligents. C'est-à-dire aller au cinéma, jouer aux échecs et parler "art". Ça a impressionné tout le monde. »

Grâce à sa sœur plus âgée que lui, il a découvert les surprises-parties et les 45-tours des idoles, grandes et petites, du rock (des Chaussettes noires à Johnny Hallyday, en passant par les Pirates et les Vautours).

Pourtant, quand il quitte l'école, il ne pense ni à la musique ni au cinéma ni à l'art, mais cherche du travail. Par l'intermédiaire d'une voisine, sa mère lui trouve son premier job : télégraphiste. Elle lui achète un vélo d'occasion et le voilà en route pour une incroyable série : « Ma mère a fait le compte, racontera-t-il plus tard, j'ai exercé exactement quatorze boulots différents à cette période ! »

Aucun ne dure bien longtemps. Télégraphiste ? Son chef n'a pas confiance en lui. Il le juge trop fantaisiste. Quand il revient à la poste, il fait tellement le pitre que les autres employés ne pensent plus qu'à rire et le travail s'en ressent. Et puis, il redoute toujours qu'il mélange les télégrammes qu'il doit porter ! L'aventure des PTT s'achève le jour où il arrive chez une dame avec le télégramme qu'il doit lui remettre, déjà ouvert, et qu'il lui lit le message !

Et en plus, avant de partir, il réclame un pourboire, ce qui est strictement interdit ! Résultat : mise à la porte dans l'heure qui suit. Mais de ce renvoi qui aurait pu être une blessure d'amour-propre, il fait un morceau de bravoure. Le soir venu, il fonce retrouver ses copains dans un café de Montrouge et leur raconte ce qui vient de lui arriver. Avec force détails. Plus comiques les uns que les autres.

Puis il repart en quête d'un autre petit boulot. Un travail d'attente. Histoire de voir venir.

« C'est fou ce que j'ai attendu et ce que j'ai vu venir, dira-t-il plus tard. Le problème, c'est qu'on m'attendait pas et que je voyais pas venir grand-chose… »

Heureusement, Monette veille à ce qu'il ne s'installe pas dans l'oisiveté : graveur de plaques funéraires, barman, garçon de café, livreur, photographe, céramiste, marchand de légumes à la criée, vendeur de journaux… Il devient même, un temps, préparateur en pharmacie !

« Quelquefois, je ne restais dans une place qu'une demi-heure. C'était plus fort que moi, je n'ai jamais pu supporter d'avoir un patron. »

Entre deux places, il se « débrouille ». Pas toujours avec des combines très honnêtes. Mais il va à l'essentiel : aider Monette au maximum, même s'il ne peut pas lui donner la satisfaction de « garder » une place.

Il bricole aussi assez souvent. Il lui arrive, ainsi, de fabriquer des guitares électriques, activité on ne peut plus honnête. La suite l'est un peu moins : « J'avais pris les mesures chez un marchand et j'essayais de faire la même chose. Malgré le résultat catastrophique, j'en ai vendu trois à des pigeons. L'un d'eux m'a même accusé de lui avoir fait rater une carrière ! Je trafiquais des vélos, aussi. »

Nous sommes au tout début des années 1960. Pas plus que les autres, Coluche n'échappe à la folie du rock. S'il fabrique des guitares pour les autres, il en rêve surtout pour lui-même. Ses idoles s'appellent Johnny Hallyday, Eddie Cochran, Eddy Mitchell, les Chaussettes noires et, bien sûr, Elvis Presley auquel il voue un véritable culte. Des années après, évoquant « Love Me Tender », il dira avec cet art de la formule qui le caractérise : « C'est comme la margarine, si t'en as mangé tout petit, tu t'en remets plus ! »

La musique prend une grande importance dans ce petit monde gris, banlieusard, sans joie et sans trop d'espoir, qui encercle Michel Colucci. Elle est un remède, un trait de lumière. Les Johnny, Eddy, Sylvie deviennent des copains, des copines, avec lesquels on dort, la nuit, dans des chambres sans joie où s'affichent leurs photos éclatantes sur des murs ternes.

Il les aime tant, tous ceux-là, que, plus tard, il fera des pieds et des mains pour qu'ils deviennent ses copains, vraiment. En pleine gloire à son tour, il ira les voir tout simplement et leur dira : « Je suis un ancien fan mais c'est toujours d'actualité ! »

Ah ! S'il avait le physique pour... Mais il n'y croit pas. Chanter, jouer, ce n'est pourtant pas le désir qui lui manque. Quand il possède enfin sa première guitare, il ne s'en sépare plus, ni le jour ni la nuit. Il joue sans jamais avoir appris mais qu'importe, il aime ça comme il aime chanter. Jamais cette passion ne le lâchera. Il en a besoin pour tenir dans ces années de doute, de désarroi.

Quoi de plus dur : ne savoir vers quoi orienter sa vie et, en même temps, sentir qu'on fait souffrir l'être qu'on aime le plus au monde. Sa mère n'a qu'un désir : qu'il s'en sorte !

Quand il la voit pleurer tant elle a peur qu'il tourne mal, il redevient son Mimi, son petit garçon tendre et affectueux. Pour elle, il va même se frotter au dessin industriel !

Il s'inscrit, pour lui faire plaisir, aux cours gratuits pour adultes de l'école de dessin industriel du boulevard du Montparnasse à Paris. C'est la première fois qu'il s'aventure vraiment au-delà de Montrouge. Dans un monde qui n'est pas le sien. L'expérience lui laisse un goût amer et une seule certitude : il n'est pas doué pour le dessin.

Il passera encore par l'usine, comme manutentionnaire, et n'en gardera pas, là non plus, un excellent souvenir :

« Je ne suis pas mécontent d'en être sorti », dira-t-il souvent en évoquant ce bref passage.

Une autre forme d'usine, plus uniformisée encore, le guette d'ailleurs. C'est l'armée. Il a dix-neuf ans quand il est appelé. Au moins, il a échappé de justesse à l'Algérie. Mais c'est sans enthousiasme aucun qu'il s'en va faire ses classes, guitare dans la valise.

À Lons-le-Saunier, dans le Jura, il affronte la routine de la vie militaire, les absurdités de la caserne, les sanctions qui tombent à chaque fois qu'il se rebelle et les mises aux arrêts quand il est pris à faire le mur. Banal…

Dix-huit mois ainsi, entre 1963 et 1965. Dix-huit mois à se ronger avec l'insupportable sensation de perdre son temps. Avec, tout de même, un intermède plutôt comique qu'il se faisait un plaisir de raconter vingt ans plus tard.

À Dole, il avait été pris en auto-stop par un automobiliste d'apparence honnête. Un professeur de piano, sympathique et peut-être trop chaleureux :

« […] il m'avait piégé. Le genre : "Comment, t'as jamais essayé, si ça se trouve tu vas trouver ça formidable, t'es un imbécile." À vingt ans on y va, non ? Moi, en tout cas, j'y suis allé. Quand on est arrivé, il s'est mis tout nu et tout, alors moi, comme un con, j'ai éclaté de rire et je me suis taillé, non j'ai vu que j'étais vraiment pas branché avec ça… »

Comme il ne vit pas de telles aventures tous les jours, il se morfond le reste du temps et désespère de tout. Ça ne lui apporte rien, il le sait bien.

Il a tort : des copains de chambrée à l'adjudant tyrannique en passant par les gradés méprisants, il engrange dans sa tête des portraits. Comme à l'école. Comme au travail. Comme au bistro. C'est sa gloire qu'il prépare. Sa fortune qu'il bâtit. Sans le savoir. Sans même imaginer qu'il l'exercera un jour !

Presque inconsciemment, il pratique ce qu'il appellera plus tard la « technique de l'éponge ». Tranquillement, sereinement, consciencieusement, il absorbe les ridicules de ses contemporains.

Quand l'armée le libère, elle le laisse face à sa liberté, ce qui est un bien, mais aussi face à ses doutes, ce qui est moins enivrant. Mise entre parenthèses pendant dix-huit mois, la question se pose à nouveau, plus brûlante que jamais : Que faire ? Comment gagner sa vie ?

« J'étais tellement paumé, racontera-t-il, que je croyais vraiment que le bonheur, c'était un boulot stable, se dégoter une femme et lui faire des gosses ! »

Maman est fleuriste, pourquoi ne pas essayer ? À peu près la seule chose qu'il n'ait pas tentée jusque-là ! Au mois d'octobre 1965, il se présente au magasin de Michel Morin, quai aux Fleurs, dans l'île de la Cité, à Paris. Il a une bonne bouille rondouillarde, l'œil malicieux. Il est sympathique et, question bagout, intarissable. En quelques minutes, il convainc Michel Morin de lui offrir une place de vendeur.

« C'était un bon gars, mais il n'en faisait qu'à sa tête. Par exemple, il refusait de prendre le métro et faisait toutes ses livraisons à Solex. Ce n'était pas non plus un vendeur exemplaire. Quand la tête d'un client ne lui revenait pas, il le laissait en place et partait s'enfermer dans l'arrière-boutique. »

En revanche, un client sympathique avait droit à toute son attention et même plus : « S'il avait une bonne tête, racontait-il, je pouvais passer plus d'une heure à lui composer un bouquet. Les autres, c'est vrai, je m'en fichais. »

Dans cette petite phrase, il y a déjà tout Coluche. Étrange personnage habité par mille paradoxes. S'il est vrai que nous ne sommes intéressants que par nos contradictions, alors il est vraiment passionnant ! À vingt ans, il s'habille déjà de cynisme pour cacher sa tendresse.

Mais plus encore, il peut blesser à mort pour le plaisir d'un mot, d'une bonne ou mauvaise plaisanterie. Il oscille, et ce n'est qu'un début, entre des coups de cœur et des accès de cruauté révoltante. Il peut être, avec la même personne, adorable puis odieux trois minutes plus tard. Se montrer déroutant de méchanceté ou bouleversant d'humanité.

Il est ainsi. Et le restera jusqu'à sa mort.

Tant pis pour ceux qui ne désirent conserver de lui que l'image idéalisée qui leur convient.

Le vrai Coluche n'était pas un ange. Il pouvait même être un monstre. Vouloir le nier ou le gommer n'y changera rien. Croire que c'est la gloire qui l'avait fait ainsi est une autre ineptie.

Il suffit d'écouter le brave Michel Morin pour s'en convaincre :

« Souvent, il taquinait une vendeuse âgée qu'on appelait Mamie. Elle était au régime et apportait chaque matin des biscottes sans sel que Coluche prenait un malin plaisir à réduire en miettes. D'un coup de poing, il écrasait le paquet ! »

Pas vraiment drôle, ni très sympathique ! Mais c'est le même qui, quelques mois plus tard, alors que son patron, en proie à des difficultés financières, envisage de licencier plusieurs employés, va avoir un geste inattendu :

« Les affaires ne marchaient pas très fort, a expliqué M. Morin. J'avais prévenu mon personnel que je ne pourrais pas garder tout le monde. Alors Coluche m'a pris à part et m'a dit : "Gardez la vieille Mamie. À son âge, elle ne retrouvera pas de boulot. Moi, jc suis jeune, je me débrouillerai."

Et M. Morin de conclure :

« Une heure après, il a pris sa paie et il est parti sur son Solex. Je ne l'ai jamais revu ! »

Déjà, Michel a un projet en tête : prendre un magasin de fleurs avec sa mère. Permettre à Monette de se mettre enfin à son compte. Il devient donc fleuriste à part entière, et ça va durer plusieurs années !

Mais ça ne le rend pas plus heureux. Quand il jette un regard sur lui-même, il ne tire pas grande satisfaction de ce qu'il voit : un petit marchand de fleurs à la vie sans joie, sans enthousiasme. Le soir, il retrouve les copains au bistro pour des éclats de rires et de bonnes grosses plaisanteries avant de retrouver le petit « appartement » maternel.

« Tout a changé le jour où j'ai compris que j'étais con et que j'étais entouré de cons, expliquera-t-il un jour. Alors, je me suis posé une question : où peut-il y avoir des gens intelligents ? » Il mettra du temps avant de trouver la réponse. Allant chercher d'abord du côté des joueurs d'échecs. « S'ils savent jouer aux échecs, c'est forcément qu'ils sont intelligents ! » Ou des intellectuels de comptoir. La réponse ne s'y trouve pas.

La vérité, c'est qu'après des mois passés à vendre des fleurs il avait compris quelle serait la suite :

« Maman à la caisse, l'appartement au-dessus du magasin, mon premier but, ne pas travailler pour un patron, était atteint. Mais je risquais quand même de me faire coincer. Je me voyais cinq ans plus tard, moi marié, maman toujours à la caisse et l'appartement au-dessus. Brutalement, j'ai annoncé que je me sauvais. Ça m'a fâché avec ma famille. »

Fâché, le mot est peut-être un peu fort. Mais c'est vrai que Monette a de la peine. Une fois de plus, son Mimi l'a déçue. Surtout, il l'inquiète. Que va-t-il devenir ?

Lui est sûr d'une chose : pour que son horizon se débouche, il lui faut sortir de sa banlieue.

« Un jour, je me suis dit qu'il fallait absolument que j'aille voir ailleurs si j'y étais. Sans rire ! c'était ma seule chance de me trouver… »

Il commence à s'aventurer au-delà de Montrouge. À traîner son ennui du côté du quartier Latin. Il y découvre des guitaristes des rues qui récoltent quelques pièces en grattant de leurs instruments aux terrasses des cafés et à proximité des files de cinéma.

Pas flamboyant ! En tout cas, ça lui permet de se remplir l'estomac et c'est quand même moins déprimant que tous les jobs qu'il a pu faire jusque-là. Il ressort donc la vieille guitare de ses quinze ans, réunit ses pauvres économies, se loue une chambre au quartier Latin et devient chanteur ambulant ! Nous sommes en 1968. Il a vingt-quatre ans.

« J'avais remarqué que les autres ennuyaient les gens en leur chantant de la poésie. Alors, assez vite, j'ai décidé de les faire marrer », racontait-il. Pour commencer, il laisse tomber le répertoire de Bruant qui ne charme pas vraiment les consommateurs quand il le « martèle » de sa voix éraillée. Et ça commence à marcher.

Rien d'extraordinaire, certes, mais de quoi survivre. Il a calculé qu'il lui fallait six francs par jour pour payer sa chambre et dix francs pour manger.

« Je ne m'arrêtais qu'après avoir gagné trente-cinq francs. »

Combien de temps encore va-t-il végéter ainsi ? Combien d'années ? Son destin va prendre la forme d'une porte qu'il pousse début 1969 et qui s'ouvre sur la première grande chance de sa vie.

Mais il lui faudra être patient. Savoir encore attendre sans trop se morfondre…

LE CAFÉ DE LA GARE

Comme son ombre, Michel est suivi partout par Bouboule, le copain de la cité Solidarité devenu son meilleur ami, son frère, un autre lui-même.

Et ce n'est pas qu'une formule. Alain Chevestrier, dit Bouboule parce qu'il est rond de partout, est le vrai Coluche. Le modèle du personnage que Michel Colucci campera dans quelques années sur la scène. Michel le jouera, mais Bouboule est vraiment ce type-là. Il l'est dans sa chair, avec ses grossièretés, ses tics de langage, ses éructations, ses rires gras, son bide en avant, ses onomatopées, sa salopette, son goût pour le pinard, la couleur de son vocabulaire, son aptitude à déformer les mots, les phrases, à leur donner involontairement un autre sens.

Bouboule est à l'image de toute sa famille. De vrais pauvres, de vrais picoleurs, mais de braves gens qui accueilleront toujours Michel à leur table et lui feront vite comprendre qu'il fait partie de la famille. Chez eux, il trouve des milliers de petits « trucs », de façons d'être, de concevoir la vie, d'appréhender les choses, qui lui fournissent autant d'indications pour les personnages qu'il interprétera plus tard. La technique de l'éponge, toujours !

Le père de Bouboule est un one-man-show à lui tout seul, et Michel, devenu Coluche, s'en servira allègrement dans son fameux sketch, « Gérard », où un père alcoolique reproche à son fils de fumer du hachisch.

Bouboule, donc, le suit partout, l'inspire, le soutient, y compris quand il chante Bruant, Vian, Carco ou Prévert.

C'est avec Bouboule qu'il franchit un jour la porte de Chez Bernadette, une sorte de cabaret situé sur la montagne Sainte-Geneviève. Il vient proposer son numéro, fait un « bide » retentissant – comme d'habitude –, mais repart tout de même avec une proposition : on lui offre de faire la plonge !

Ce n'est pas l'engagement dont il rêvait, mais il l'accepte sans hésiter car il sait que là il va avoir l'occasion d'apprendre, voire de fréquenter des gens qui font le métier.

Quel métier ? Celui qu'il a, de moins en moins confusément, envie d'exercer. Artiste. Comique ? Qui sait… Les idées se mettent en place, peu à peu.

Dans *Le Point*, il racontera en 1975 :

« On m'a gardé pour faire la vaisselle. J'ai fait le ménage, les courses, la cuisine et puis, comme il y avait un cabaret et que personne ne voulait commencer, c'est moi qui ai assuré le lever de torchon avec une guitare et deux chansons de Bruant. »

Bruant encore et toujours !

Au moins cela lui sert-il à lier des connaissances : Georges Moustaki (qui le prend en amitié et lui offre même sa première moto), Maxime Le Forestier. Car, maintenant, il est lancé. L'aventure Coluche est en route.

Coluche ? Chez Bernadette, on lui a retrouvé le surnom que lui donnaient déjà ses copains de classe à Montrouge. Coluche est bien né à cette époque.

Bientôt, il entre au cabaret La Méthode, rue Descartes. Mi-barman-serveur, mi-programmateur, il va y faire la rencontre de sa vie : Romain Bouteille.

Cette rencontre, Bouteille l'a racontée lui-même au journaliste Philippe Boggio :

« Un après-midi [...] j'arrive à La Méthode et je lui demande s'il peut me faire une omelette aux pommes de terre. Il a improvisé un grand numéro de serveur stylé, un sketch. Sans dire un mot, il est venu s'asseoir à côté de moi, me regarder manger. Très fort ! »

« Près de vingt ans après, raconte Boggio, Romain Bouteille s'étrangle encore de rire au souvenir de ce "coup terrible", du pauvre regardant le riche avaler ce dont il est privé, implorant en silence, parce que, démuni, on n'en garde pas moins sa dignité. Alors, Romain Bouteille est entré dans le jeu proposé. Il a pris le rôle du riche qui ne remarque rien, s'applique à bien mastiquer et à fixer le mur devant lui, indifférent à l'univers entier. Il a commandé du fromage, encore un peu de vin. À chaque fois, Coluche s'est levé, silencieux, résigné. Ils n'étaient que deux, à La Méthode, cet après-midi-là : personne n'a vu le premier spectacle du Café de la Gare, donné à huis clos. »

L'improvisation a dû plaire à Bouteille, car il revient régulièrement voir ce drôle de barman. « J'assistais aux auditions qu'il faisait passer pour ses numéros du soir. Il devait privilégier les trucs impossibles, car c'était invraisemblable, comme s'il n'avait convoqué ces types que pour se marrer. Il écoutait des poètes sérieux, et il s'écroulait de rire. »

Romain Bouteille, fils de parents eux-mêmes comédiens ambulants puis marionnettistes, a fait un détour par l'École normale (!) avant de rejoindre le milieu du spectacle.

Très tôt, il écrit des pièces, des textes de toutes sortes, se plonge dans l'absurde et dans l'humour, « fait » la tournée des cabarets où son talent, trop foisonnant, trop multiple, ne provoque pas un enthousiasme délirant. Il est aussi acteur et passe de scène de théâtre en cabaret, se taillant peu à peu une réputation de bon comédien, mais peu facile à manier tant il veut être impliqué dans tout ce qu'il joue, même quand il n'en est pas l'auteur.

Il défend une idée novatrice de son métier. Loin des carcans, des dorures, du système. Il rêve d'autre chose, d'une fraternité entre comédiens et spectateurs.

Quand il passe à La Méthode, c'est dans cet esprit-là, et c'est cette volonté qui va fasciner Coluche. Avec une grande intelligence, celui-ci a compris tout de suite :

« Romain, dira-t-il plus tard, ça a vraiment été ma chance. Si un mec voit passer la chance et qu'il ne l'attrape pas, c'est vraiment un imbécile. »

Il l'attrape si bien, sa chance, qu'il suit désormais pas à pas ce Romain Bouteille dont il ne sait pas grand-chose, mais dont il devine tout.

À *Rock and Folk*, il confie en juin 1974 :

« [...] je lui ai collé aux bottes. J'avais rencontré Romain Bouteille et j'étais content. Si j'avais rencontré Picasso, j'me serais sûrement mis à la peinture à ce moment-là. Mais j'ai rencontré Bouteille. [...] Finalement, je ne sais pas ce que je serais devenu si Bouteille ne m'avait pas embarqué. Réponse de Bouteille : "À ce moment-là, des mecs dans ton cas, il y en avait vingt-cinq ou trente, et c'est toi que j'ai emmené, pas un autre." C'est quand même un coup de bol énorme, non ? »

Romain n'a que quelques années de plus que Coluche, mais il possède une maturité, une expérience et surtout un don de pédagogue qui lui apportent une dimension supérieure.

De plus, il désire réellement communiquer ce qu'il sait à ce type fumant de volonté de réussir et avide d'apprendre.

« Bouteille, ça a été une sorte de père pour moi, aimait à dire Coluche. Ce que je ne lui ai pas piqué, il me l'a appris. Je n'avais encore jamais rencontré quelqu'un comme ça avant lui. Il sait apprendre aux autres, il sait donner confiance, c'est une force. »

Même si Bouteille n'a jamais adhéré à cette vision des choses, se mettant notamment en colère à chaque fois qu'il entendait dire que Coluche lui avait tout « piqué », les deux hommes sont, dans l'ensemble, proches et complices sur tout.

En Coluche, plus qu'un public, Bouteille a trouvé un témoin. De ses révoltes, de ses rêves, de ses obsessions. Il lui parle sans cesse, l'emmène partout, dans tous les théâtres ou cabarets, voir ce qui se fait de bien ou de ringard.

Ayant vite renoncé à lui faire lire les textes des autres (Coluche fait un rejet devant toute chose écrite !), il les lui raconte, lui fait découvrir Devos, Molière, Dubillard… surtout, il lui fait partager ses aigreurs, ses critiques du système, lui décrit sans cesse le théâtre idéal, le cabaret rêvé. De plus en plus souvent, Coluche, qui apprend vite, demande : « Pourquoi est-ce qu'on ne s'y met pas ? »

Parce que c'est compliqué, qu'ils ne possèdent pas le premier centime et si peu de références. Mais tout de même, quel dommage de piétiner ainsi, conscient de tout ce qui ne va pas, certain de faire mieux et dans l'incapacité de le tenter !

Des désirs de plus en plus taraudants de Coluche, des tergiversations moindres de Bouteille va naître le Café de la Gare, le premier café-théâtre de l'après-1968.

Si l'on en croit Bouteille, c'est avant tout grâce à Coluche : « Du temps où nous fréquentions les cabarets de la Contrescarpe, il n'avait que cette idée en tête et il me répétait sans cesse : "Il nous faut un lieu à nous." Moi, c'est vrai, je n'y tenais pas tellement, ne me sentant pas vraiment une âme d'administrateur. L'argument principal de Coluche, c'est qu'il fallait nous lancer. Après, on verrait bien. Un soir, on s'est mis à reparler de son idée et ça a duré toute la nuit. Cela devait se passer en juin 1968. Au matin, il m'avait convaincu et on s'est aussitôt mis en quête d'un local. »

Coluche avait, bien sûr, un autre point de vue : « Romain me disait sans cesse : "Les cabarets disparaissent peu à peu et maintenant, après la révolution française (celle de mai 1968), plus rien ne sera jamais pareil. On va se faire un petit théâtre et on va bien s'amuser." »

Mais après tout, peu importe. La vérité, n'est-ce pas au fond que cette idée superbe, ils lui ont donné vie à deux ?

Ensemble encore, ils raclent les fonds de tiroirs, réunissent deux mille francs et commencent à chercher un local. Ils le trouvent rue d'Odessa, dans le XIVe arrondissement. C'est un petit atelier de réparation pour moteurs situé à deux pas de la gare Montparnasse. Aussi, allant au plus simple, ils décident de l'appeler le Café de la Gare.

Reste à savoir maintenant ce qu'ils vont y faire. Et avec qui. Car il n'est pas vraiment question de monter un spectacle uniquement sur leurs talents présumés.

« Il y a deux solutions, expliqua Coluche à *Rock and Folk*, ou tu fais une pièce à trois personnages [...] et il faut énormément de talent pour n'emmerder personne.

La plupart du temps, c'est chiant à mourir [...]. Ou alors, il faut être quatorze et dire aux mecs : Bon, on s'emmerdera pas, c'est sûr, mais pour ce qui est de gagner des ronds, faudra revenir. D'ailleurs, on ne cherchait pas à gagner des ronds, on cherchait la gloire. »

Pour « leur » cabaret, Coluche et Bouteille – surtout ce dernier – ont édicté des règles très strictes, et certaines sont assez stupéfiantes. Pas de patron, pas de chef. Pas de travail obligatoire, présence de tous pour compter la recette qui sera « exposée » en permanence sur une table, partage à parts égales. Évidemment, impossibilité de mettre quelqu'un à la porte ou même de lui infliger la moindre sanction...

En fait de règlement, c'est d'une déclaration d'anarchie qu'il s'agit, mais Bouteille y tient : c'est leur seule chance de faire quelque chose de différent. Et s'ils n'y arrivent pas, tant pis : ils fermeront boutique, mais sans avoir trahi un seul de ces principes. Et, au moins, ils auront essayé.

Bien sûr, tous ceux qu'ils ont invités à les rejoindre au Café de la Gare y entreront au même titre qu'eux, en tant que comédien... même s'ils n'ont jamais approché une scène de leur vie ! Les deux premières à les rejoindre sont Catherine Sotha, comédienne et technicienne de cinéma qui partage alors la vie de Romain Bouteille, et Sylvette Héry, une ouvrière tapissière de dix-huit ans qui est, à ce moment-là, la petite amie de Coluche.

Fille d'un agent de police, elle travaille dans les Halles où sa mère est vendeuse. À vrai dire, la blonde Sylvette n'a pas vraiment envie de pratiquer de la tapisserie toute sa vie. Sa mère connaît bien Monette. Les deux femmes se rencontrent souvent. Mme Héry sait que le fils de Monette tâte sérieusement du cabaret du côté du quartier Latin.

De plus en plus souvent, Sylvette (qui deviendra Miou-Miou[1]) file, le soir venu, vers la Contrescarpe pour y rejoindre des jeunes de son âge. Pour elle, tous ces joyeux drilles un peu fous et très bohèmes qui se retrouvent à La Méthode, c'est la vie, la vraie, celle dont elle rêve.

C'est là qu'elle rencontre Coluche. Bientôt, ils ne se quittent plus et, tout naturellement, elle le suit au Café de la Gare.

Catherine Mitry et Jean-Michel Haas les rejoignent bientôt. Puis Patrick, l'un des piliers de la célèbre famille Maurin dont Mado, la mère, comédienne confirmée, est si fière. Patrick est, lui aussi, comédien depuis l'enfance. Il va de pièce en pièce et, au moment où Catherine Sotha le branche sur le Café de la Gare, il a pris en main le cinéma des Trois Luxembourg pour le « désembourgeoiser » ! Il a vingt et un ans, plein d'idées et de folies dans la tête. De révoltes surtout. Patrick Dewaere (il a pris pour jouer le nom de jeune fille de sa mère) est prêt pour l'aventure. Bientôt, les rejoindront Henri Guybet, Gérard Depardieu et même, par à-coups, un gamin de seize ans rencontré par Haas à l'infirmerie de la Sorbonne où, en pleine bagarre de mai 1968, on lui soignait une petite blessure. Le gosse, qui va encore au lycée mais fait sa révolution lui aussi, s'appelle Renaud Séchan. Dans quelques années, sous son seul prénom, il deviendra célèbre et il chantera mieux que personne la révolte et le mal de vivre de toute une génération.

Rue d'Odessa, tout le monde se met au travail. Et Dieu sait qu'il y en a. Le petit atelier de réparation pour moteurs qui va devenir le café-théâtre le plus célèbre de Paris menace ruine.

---

1. Voir chapitre « Premières amours », p. 48.

Ensemble, jour après jour, mois après mois, à la truelle, à la pelle, à la pioche, ils relèvent le vieil édifice. Ils s'improvisent tour à tour maçons, peintres ou menuisiers.

Mai 1968, la « révolution », Coluche les a traversés sans jamais donner l'impression de s'y intéresser. Lui n'est ni étudiant ni fils d'ouvrier. Les manifs, les pavés, les batailles avec les flics, rien de tout cela ne l'intéresse. Maintenant qu'avec Romain il s'est trouvé un objectif, il fonce sur ce chemin-là. Le reste ne lui apparaît que perte de temps et il éprouverait plutôt de la condescendance pour tous les types de son âge qui jouent à la guéguerre parce qu'ils n'ont rien de plus passionnant à faire.

Un « incident » amoureux a bien failli tout faire capoter : Catherine Sotha et Patrick Dewaere sont tombés amoureux l'un de l'autre ! Après avoir vécu leur idylle avec discrétion – et pour cause ! –, ils sont partis se marier en secret, en juin 1968, et ont dû se résoudre à annoncer la nouvelle à Romain… Celui-ci accuse le coup, bien sûr, mais il ne veut surtout pas que son chagrin compromette l'aventure qui est en train de naître. Il met son mouchoir par-dessus, se montre magnanime avec les tourtereaux et en profite même pour convaincre Patrick de s'impliquer avec Coluche et lui-même dans la fondation du Café de la Gare !

Après un an de travaux et de « quêtes » tous azimuts pour trouver des sponsors et de l'argent (ils ont tous en commun la particularité de n'avoir pas un sou !), le Café de la Gare ouvre enfin ses portes en juin 1969. Tout de suite, l'équipe trouve le ton juste, celui de la dérision, qui touche les jeunes de son époque. Même si le succès n'est pas immédiatement au rendez-vous, on sent qu'il pointe.

Le créneau dans lequel s'est engouffrée l'équipe du Café de la Gare, c'est celui qui a fait la gloire de *Hara-Kiri*, le journal bête et méchant, relayé bientôt par *Charlie Hebdo*.

Depuis plusieurs années, la bande de Cavanna, Wolinsky, Reiser, Cabu, etc., rédige chaque mois des textes où la provocation le dispute à l'humour violent, à l'extrême limite de la grossièreté. Les jeunes en sont fous. Les numéros de *Hara-Kiri* s'arrachent, bientôt ces mêmes lecteurs se retrouveront le soir au Café de la Gare. Dans leurs sketches, Coluche et Bouteille appliquent la méthode avec une rigueur implacable :

« La méchanceté et la grossièreté, dira Coluche plus tard, sont des partis pris accessibles à tout le monde. La méchanceté et la grossièreté sont les armes de la simplicité. Pour moi, ce qui est drôle doit être simple... »

Il a vingt-cinq ans. À la Contrescarpe, il a appris à chanter et à jouer plus ou moins bien de cinq ou six instruments. Au Café de la Gare, avec Bouteille, grâce à Bouteille, il apprend le métier d'acteur. Même si, comme tous, il passe beaucoup de temps à déblayer les gravats, manier la truelle ou le pinceau, il profite surtout des connaissances de Romain, de son art qu'il livre à son copain :

« Tu veux être acteur, alors tu l'es... Joue et tu verras... tout se passe dans la tête. »

Romain, qui ne doute de rien, monte avec la bande deux pièces qu'ils viennent d'écrire ensemble, sur le tas : *Robin des quoi ?* et *Allume, j'étouffe*.

Eh oui ! Coluche est devenu auteur, ce qui lui permettra d'ironiser plus tard : « Vous en connaissez beaucoup, vous, des mecs qui ont écrit des pièces avant d'en avoir jamais vu jouer une seule ? »

Pourtant, la lune de miel ne dure pas longtemps. Très vite, Coluche devient méfiant, voire parfois hostile à

Romain. Il supporte mal ce qu'il qualifie d'autoritarisme. C'est vrai que Romain est très directif. C'est vrai aussi qu'il est un directeur d'acteurs extrêmement talentueux. Il a des exigences ? Il en a le droit ! Quand on se penche sur la liste des inconnus débutants qu'il est en train de former et dont il fera des stars, les Coluche, Depardieu, Dewaere, Miou-Miou, on se dit qu'il avait tout de même pas mal de droits…

Tous s'inclinent devant le génie de Bouteille qui justifie qu'on lui passe ses coups de gueule. Tous… sauf Coluche qui accepte de plus en plus mal l'aura de « l'autre ». Romain est le grand frère : comme tout petit frère, Coluche rêve de le « tuer »…

D'ailleurs, plus tard, bien plus tard, célèbre déjà, il montera sur ses grands chevaux dès qu'on lui posera la question fatidique : « Avez-vous été fabriqué par Bouteille ? » Réponse sèche garantie à tous les coups :

« Je lui dois beaucoup, d'accord ; d'ailleurs, mon fils s'appelle Romain… Mais c'est pas parce que j'ai été fleuriste qu'il faut raconter que j'ai été fabriqué par une sorte de Pygmalion… On joue pas *My Fair Lady*, quand même ! »

Bref, l'ambiance devient de plus en plus tendue :

« Michel avait l'impression que Romain allait tous nous bouffer, raconte Catherine Sotha. Ça lui venait par vagues. De véritables crises. »

Le plus gênant, c'est que dans son combat, d'abord obscur, contre Romain, il livre une lutte plus sérieuse contre l'esprit de groupe. Comme si, déjà, il ne pouvait plus supporter d'être simplement un élément parmi d'autres.

Ce sont ses copains, il les aime, il donnerait tout pour eux. Mais il ne supporte pas de leur appartenir. Alors, parfois, il faut que ça explose. Et qu'il sorte de la tribu, du microcosme. C'est plus fort que lui, il y a toujours un moment où il doit se « distinguer », marquer son territoire, ou plutôt sa liberté. C'est dommage et c'est en même temps courageux. Car il en faut du courage pour s'attaquer, surtout de l'intérieur, à cette bande du Café de la Gare dont la personnalité collective impressionne tous ceux qui sont « enfermés à l'extérieur ». On les craint, car ils « chambrent » facilement les autres, sont toujours prêts à se protéger mutuellement et qu'ils ont un langage codé, des tics d'expression, un vocabulaire, des plaisanteries qui n'appartiennent qu'à eux et qu'eux seuls peuvent comprendre.

Maintenant que le succès est là, qu'il s'est même mué en triomphe, le malaise devient de plus en plus difficile à maîtriser.

Leurs sketches, souvent décousus, leurs maladresses de débutants, les textes inachevés qu'ils jouent avec plus ou moins de justesse, les faux pas, les pannes d'éclairage, les entrées en scène ratées, les sorties inattendues… rien n'y fait, c'est le triomphe quand même. Et tous de s'en réjouir. Bouteille le premier, puisque c'est lui qui tient à une improvisation permanente, source garantie, selon lui, de naturel. Tout le monde s'en réjouit, mais Coluche garde – il est sans doute le seul – un œil critique sur ce triomphe qui semble venir de l'air ambiant !

« On avait trop de succès, par rapport à ce qu'on avait de talent », dira-t-il plus tard.

Ils sont devenus des phénomènes à la mode, ceux que le Tout-Paris se bouscule pour voir ! Même François Mitterrand, pas encore Président, assistera au spectacle !

Et Coluche de se souvenir[1] :

---

1. *L'Express*, 11 octobre 1980.

« On a ouvert le Café de la Gare sans argent, dans les plâtres. C'était impensable de venir s'asseoir là. Des gens ont plié leurs visons et se sont battus devant la porte. Ils ont cassé la porte plusieurs fois, des gens très chics. Un soir que Romain Bouteille lui-même tenait l'entrée, un mec lui a dit : "Laissez-moi entrer, je connais personnellement Romain Bouteille." Et il a répondu : "Il est mort, il vient plus." »

Les recruteurs commencent à s'intéresser à l'équipe. Mais c'est Coluche qui reçoit les premiers appels du pied et auquel Claude Berri offre même un rôle dans son film, *Le Pistonné*. On y reviendra.

Pourquoi Coluche ? De l'avis de tous ceux qui ont participé à cette période, il n'était ni le meilleur ni le plus connu.

« Nous étions tous mauvais », disait-il en évoquant leurs débuts. Lui, particulièrement, ajouteront quelques mauvais esprits !

Mais il dégage déjà, en 1969, quelque chose d'exceptionnel, de prometteur, qui fait qu'un observateur un peu doué ne s'y trompe pas. Hélas, cette distinction par le regard des autres ne va pas contribuer à détendre l'atmosphère pesante qui règne de plus en plus souvent dans les coulisses. Les disputes se multiplient, les querelles deviennent altercations. Et au départ, toujours, Coluche !

Coluche dont la susceptibilité, la violence de caractère, la morgue et la fragilité font des ravages :

« Il avait un petit peu tendance à jouer au patron, ce qui ne plaisait pas beaucoup », expliquera pudiquement Romain Bouteille.

En fait, il le reconnaîtra lui-même : « J'étais un emmerdeur. » Un emmerdeur qui cherche et provoque des histoires pour tout : « Il gueulait tout le temps », se souvient Renaud. Même ceux qui sont arrivés un peu plus tard, comme Depardieu, qui ne sont restés que peu de temps rue d'Odessa, se souviennent des colères de Coluche.

Il est arrivé à un point où il trouve les autres mauvais et sort de scène chaque soir avec le sentiment d'avoir dominé ses copains de la tête et des épaules. Sans prendre conscience que c'est toute une troupe et non un seul comédien que le public vient voir. On les aime à vingt. Lui, seul, n'est rien.

Et moins que rien quand on sait que son attitude ligue les autres contre lui ! Sa hargne croît de jour en jour. Il boit trop. Cherche la bagarre auprès de tous. Il n'est pas très courageux physiquement, mais il va souvent provoquer les autres pour que Depardieu ou Dewaere – de vrais durs – volent à son secours. Une manière de leur demander : « Vous m'aimez ? »

Mais il lasse de plus en plus. Il invente des complots, cherche à démontrer à tout le monde que Bouteille travaille pour sa seule gloire et à leur détriment. Il se mêle même des histoires de couples !

Enfin, de plus en plus autoritaire et « petit chef », il essaie d'instaurer à son avantage un droit de cuissage sur les comédiennes de la troupe !

La coupe commence à être sérieusement pleine. Elle va déborder le soir où, sur scène, en plein spectacle, il se montre odieux avec une petite amie de Romain Bouteille. « C'est lui ou moi », dit seulement ce dernier, écœuré.

Mais il y a un problème. Souvenez-vous des règles très strictes du Café de la Gare mises au point par Coluche et Romain : pas de sanctions et impossibilité de virer qui que ce soit !

Oui, mais les autres ont aussi le droit de ne plus vouloir jouer avec lui. Et de le laisser monter seul sur scène !

Ils ont choisi Romain, mais ils n'auront pas à le dire à Coluche qui, simplement dans leurs regards, a compris.

Quand il arrive rue d'Odessa le lendemain, c'est les bras chargés de cadeaux pour chacun. C'est surtout pour leur dire au revoir. On n'est pas fâchés. On s'aime toujours, on se reverra, mais on ne se supporte plus. Alors, autant se quitter.

Nous sommes à la fin de l'année 1970. Le rêve éveillé n'aura pas duré longtemps. Pour Coluche en tout cas qui, à vingt-six ans, se retrouve de nouveau face à l'inconnu.

Il est mieux armé aujourd'hui, c'est une évidence. Cependant, en provoquant les autres, en les forçant à le chasser, en les traitant de mauvais, il a placé la barre très haut : il n'a pas le droit à l'échec. Il doit leur prouver que toutes ses vantardises étaient fondées sur du concret. Il doit se faire regretter. Mais il n'en veut à personne. Et surtout pas à Romain. Plus tard, il analysera à la perfection ce qui s'est passé alors :

« Il m'a viré et il avait raison. [...] C'est un mec intelligent, pas cabot pour deux ronds. Non, c'est que je découvrais que je pouvais faire rire seul et que j'avais tendance pour me le prouver à moi-même à jouer contre les autres, au lieu de jouer avec ; c'était dramatique ! Et puis, Bouteille a dû se dire : “Quand on voudra faire plus intelligent que ce spectacle, comment on fera avec ce mec ? Il est primaire, c'est un comique populaire et on l'aura dans le dos.” En plus, s'il ne m'avait pas viré, je n'aurais pas fait de progrès. Donc, j'ai eu deux coups de pot dans ma vie : être découvert par Bouteille et, surtout, être viré par Bouteille[1]. »

Sa seule grosse déception quand il quitte le Café, c'est sans doute d'y laisser Miou-Miou, sa petite amie. C'est

---

1. *Rock and Folk*, juin 1971.

lui qui l'y avait amenée, mais elle ne le suit pas le jour où il le quitte. Elle choisit de rester avec les autres.

Il n'y a pas de conclusion définitive à en tirer, mais la défection de Miou-Miou éclaire un peu mieux l'étrange lien qui relie Coluche aux femmes. Il n'a jamais eu de rapports simples avec elles et avec l'amour.

C'est à Montrouge qu'il faut peut-être aller dénicher les premières turbulences…

PREMIÈRES AMOURS

« Les gros en salopette avec des petites lunettes et une face de lune, on peut pas croire que ça puisse souffrir et avoir des chagrins d'amour ! Pourtant… »

Trois mois avant sa mort, seulement, il évoquera – presque publiquement – sa sensibilité, sa capacité d'émotion. Oui, l'amour, il connaît. Il en a même souffert. Le cynique est un tendre qui ne demande qu'à ouvrir et offrir son cœur. Encore fallait-il le savoir.

Comme Gainsbourg, et ce n'est pas leur seul point commun, il a longtemps triché avec ses sentiments.

Par défense.

Gainsbourg avait découvert très vite que l'amour, ça fait mal. Que le meilleur moyen de se préserver de la souffrance qu'il provoque, c'est de ne pas aimer.

Très jeune, il avait banni tout romantisme de ses rapports avec les femmes, se tournant presque obsessionnellement vers les prostituées avec lesquelles, au moins, on ne se pose pas de questions et qui ne risquent pas de vous faire souffrir.

Coluche va suivre, à peu de choses près, le même chemin.

Non à cause de son physique, mais plutôt de son environnement.

Dans son Montrouge fait de violence, de sentiments tus, d'émotions étranglées, la rudesse est le langage de chaque jour. Entre copains, on ne se dit pas qu'on s'aime bien. À une fille, on ne fait pas la cour. Pour être beau parleur, encore faudrait-il avoir et les mots et le simple courage de parler.

Ce que Coluche veut garder de ses premiers « émois », ce ne sont d'abord que des images fortes, brutales, sans poésie :

« Le plus interdit, l'inaccessible, c'était la prof de l'école. Pas à la maternelle, non, au début de la grande école, je devais avoir sept ans. Alors là, ça fantasmait sec. On voyait pas ses jambes, rien, parce qu'elle était assise derrière un bureau fermé devant, mais on imaginait pas mal. Elle devait avoir trente-cinq ans. Assez jolie. Enfin pour nous. Les institutrices, ça laisse toujours des traces… »

Après ? À l'âge de l'acné, des doutes et des questions sans réponse, les souvenirs et les images se durcissent. Coluche ne veut pas entendre parler d'amour, mais de cul. Derrière la carapace des mots, il s'abrite sous une impudeur qui en dit long :

« […] le cul, ça m'intéresse vraiment depuis l'âge de douze, treize ans, quand j'ai commencé à baiser dans ma cave, avec les copains du quartier, quoi. En fait on baisait une gonzesse qui voulait bien et qui savait pas de quoi il s'agissait et nous non plus. Et on entrait en disant : "Putain, si ça fait mal à chaque fois comme ça, moi j'arrête." Elle était plus âgée que nous. Seize, dix-sept ans. Elle était pas très jolie, tu vois, mais elle voulait bien. C'était pas si courant, dans la banlieue où j'étais – Montrouge, banlieue sud. »

On est déjà loin des premières « amours », comme celui qu'il vécut avec une petite fille alors qu'il n'avait que onze ans. Un amour inabouti, bien sûr…

Avec la petite Annie Marlot, Michel aurait presque joué les « jolis cœurs » : « On écoutait "J'entends siffler le train" et "Nouvelle Vague" ensemble. En plein Richard Anthony ! Et puis on se roulait des pelles à la sortie de l'école ! On se filait rancard tous les dimanches au cinéma. On se mettait dans le fond du balcon, là où c'était noir, et on se roulait des pelles. C'était tout ce qui se passait. Une fiancée, quoi. »

Annie n'aura été qu'une jolie parenthèse. Les amours de Michel passent par la bande, cette quinzaine de mômes qui ne se quittent pas, qui découvrent tout ensemble, en se serrant les coudes, en serrant parfois les mâchoires :

« La vedette, c'était un mec qui s'appelait Jean-Paul. Un rapatrié. Il avait tout, le costard, les chaussures, il avait vraiment tout, alors c'était lui, le bellâtre, qui draguait, dans des espèces de petits bals, les premières discothèques, quoi. Il disait aux gonzesses : "Il y a une surboum chez Robert." En fait, c'était pas chez Robert, mais c'était chez Jean-Louis qu'on allait, mais on disait pas les noms parce qu'on avait un peu le trac qu'elles reviennent : on était quand même une bonne douzaine à mater quand il se les faisait. Des fois, on arrivait à les sauter après, mais pas toujours. [...] La première que j'ai baisée, c'était une coiffeuse un peu rousse – auburn ça s'appelait – avec des couettes à la Sheila. Elle restait sur le dos pendant des heures et elle lisait *Ciné-Revue* et nous, on la baisait. Elle s'occupait de rien. Elle parlait, même. Oh pas de trucs très érotiques, non, elle disait par exemple ce qu'il y avait dans le journal, enfin pas tout, elle donnait le contenu. C'est normal puisque nous, on lui donnait une contenance. Quand les filles voulaient pas, ben on se branlait dans le couloir... Parce qu'on se gênait pas pour faire ça en groupe. »

Mais, très vite, Michel va se tourner vers les prostituées. Les amours de la rue. Les amours de la ville aussi puisque, pour lui, « aller aux putes », c'est aller à Paris, franchir la frontière entre Montrouge et les lumières de la capitale. C'est passer de la banlieue dans l'autre monde. Celui de la vie.

Quand il disait que les putes l'avaient toujours « branché », il fallait regarder bien au-delà de la simple émotion physique.

« Paris, c'était la rue Saint-Denis », disait-il. Et de se souvenir de cette bande de gosses montant à l'assaut de l'interdit :

« Depuis la sortie de l'école jusqu'à la limite de la nuit, on montait et on descendait de Strasbourg-Saint-Denis au Châtelet, comme des malades. D'ailleurs, on montait pas beaucoup, on montait même jamais puisqu'on n'avait pas d'argent. »

L'acte en lui-même avait si peu d'importance qu'il avouait ne pas se souvenir de la première fois où il était « monté » ! En revanche, il n'oubliera jamais les jolies femmes qui le faisaient rêver à l'âge de l'adolescence.

Il y avait les copines de sa sœur, bien sûr : « Deux ans de plus que moi, vous pensez, c'était l'idéal ! »

Il y avait surtout les actrices de cinéma :

« En prem's, prix d'excellence toutes catégories, Bernadette Lafont, avouera-t-il au journal *Lui* en 1981. Et puis, juste derrière, Perrette Pradier, Stéphane Audran, Jeanne Moreau. »

Il va abandonner les fantasmes et les rêveries adolescentes pour une jolie et vraie histoire d'amour on ne peut plus tardive. Quand il rencontre Sylvette Héry, en 1967, il a en effet déjà vingt-trois ans.

Le soir de leur rencontre est un soir de bal, et Sylvette est accompagnée de sa sœur Marie-Claude. Coluche hésite entre les deux sœurs. Laquelle draguer ? Laquelle séduira-t-il le plus facilement ?

Il ne se demande pas vraiment laquelle des deux lui plaît le plus mais à laquelle des deux il plaît ! Et ça, c'est tout lui dans ses rapports complexes avec les femmes !

C'est finalement Sylvette qui sort « gagnante » de cet étrange dilemme. Elle tombe très amoureuse de lui. Elle est jolie, n'a que dix-huit ans et déprime pas mal tant elle sent s'ouvrir devant elle une vie qui ne lui plaît pas. Son certificat d'ouvrière tapissière, son titre de meilleure ouvrière de France ne la remplissent pas d'enthousiasme.

Ce qu'elle veut ? Elle n'en sait trop rien au moment où elle rencontre Coluche :

« J'étais en rupture de contrat d'apprentissage et en rupture de famille. Je ne comprenais plus rien à rien. Il m'a tout appris. Il m'a fait comprendre qu'il fallait rire de tout ce qui, habituellement, faisait pleurer. Il m'a poussée dans la belle vie[1]. »

Coluche a si bien changé Sylvette, « la fille toujours au bord des larmes », que bientôt on ne la voit plus qu'en train de pouffer pour tout, de rire à tout, de s'esclaffer sur tout ! Ce qui n'empêche pas Coluche de lui trouver, très vite, un surnom plus approprié.

Sylvette parle d'une toute petite voix fragile, à la limite de la brisure. Quelquefois, elle pousse même de petits cris comme des gémissements, comme pour exprimer une sensation, un état d'âme.

« Tu miaules plus que tu ne parles », lui lance un jour Coluche.

Au fond de lui, il est très ému par toute cette sensibilité qui se dégage de la jeune femme. Mais pas question de le montrer. On est à l'approche de mai 1968 : on ne

1. *L'Express*, 29 septembre 1975.

découvre pas son cœur comme ça. Alors, goguenard, il se moque gentiment d'elle jusqu'au jour où, la prenant dans ses bras avec tendresse, il lui murmure :

« T'es toute gnan-gnan. T'es toute miou-miou, c'est un état d'âme. »

Trouvé sous l'effet de la tendresse, le surnom restera. Sylvette devient Miou-Miou pour la vic, et Coluche expliquera plus tard :

« Elle était un peu mollassonne à l'époque, un peu miou-miou. Après, elle est devenue plus vive, mais je ne l'ai plus jamais appelée autrement. »

Tout à son amour, Miou-Miou est trop heureuse quand Coluche lui demande de venir au Café de la Gare. Elle va être comédienne ! Il vient de lui inventer un rêve !

Les premiers temps, elle est tellement incrédule, tellement étonnée d'être là, tellement « miou-miou » à la ville comme sur la scène que c'en est un plaisir pour les autres !

Sa pataudérie les régale et aussi, et surtout, ses grands yeux qu'elle écarquille devant tout ce qu'elle voit.

La moindre réplique pas drôle – il y en a un certain nombre ! – la fait hurler de rire. Pendant les spectacles, elle est à la fois comédienne et spectatrice. Au point que les autres doivent lui demander régulièrement de ne pas les regarder jouer comme si elle découvrait le spectacle pour la première fois !

Curieusement, Coluche, dont on a compris qu'il n'était ni facile ni indulgent, a pour elle toutes les indulgences. Il observe avec tendresse ses gaucheries, ses naïvetés. Il se sent très proche d'elle. Sans doute parce qu'ils sortent du même milieu, qu'ils avancent avec les mêmes envies – même si elles sont alors plus déterminées chez lui – et qu'ils souffrent des mêmes complexes.

Elle est plus que sa petite amie, plus encore que sa « petite fiancée ». C'est ainsi qu'il l'appelle. Elle fait partie de sa famille parce que, d'une certaine façon, c'est un peu le même sang qui coule dans leurs veines.

Très vite, Miou-Miou progresse. Grâce à Coluche dont la tendresse et la gentillesse la délivrent de bien des inhibitions. Grâce aussi à ce talent que l'on sent bientôt poindre sous ses maladresses de débutante. Elle s'implique totalement dans la troupe. C'est d'ailleurs elle qui a trouvé le nom du théâtre : le Café de la Gare.

Quand Coluche quitte tout le monde, elle décide de ne pas le suivre.

Sent-elle plus ou moins clairement qu'il lui faut partir seul ?

Si elle lui avait demandé de l'accompagner, il aurait accepté, sans doute. Mais ce n'était pas ce qu'il désirait. À ce moment précis, il lui fallait partir tenter une autre aventure sans personne dans ses bagages.

Miou-Miou a-t-elle souffert de le voir regarder de plus en plus souvent les autres comédiennes de la rue d'Odessa ? Après quelques mois de succès, il était devenu, dans ce domaine-là aussi, impossible et intenable.

« Très vite les filles ont commencé à nous attendre à la sortie, se souvenait-il. Les groupies, ça vient avec les premiers applaudissements, ça rate jamais… »

Et il avouait aussi n'avoir jamais raté la possibilité d'en profiter.

Séparés professionnellement, puis séparés tout court, ils restent intimes, Miou-Miou et lui. L'énorme affection qui les lie ne risque pas d'être entamée.

Bientôt, elle va se blottir dans les bras de Patrick Dewaere avec lequel elle aura une petite fille…

Coluche, lui, attendra encore quelques mois. Le grand amour, c'est pour bientôt.

GINETTE LACAZE

Après avoir quitté le Café de la Gare et rompu, pour un temps, le fil de l'amitié, il cherche vers où diriger ses pas.

Sans s'affoler, sans empressement. Des idées, il en a plein la tête. Créer un autre Café de la Gare, par exemple ! En mieux ? En différent. En plus théâtral, plus composé.

Il se promène pas mal du côté de Montparnasse, on le voit souvent à La Coupole, et on le découvre, amusé, avec de petites lunettes à monture ronde, cerclées de fer, qui ajoutent un quelque chose au personnage, sans qu'on sache vraiment s'il en a besoin pour voir mieux...

Peu à peu, il compose le Coluche définitif.

Le fameux nez rouge qu'il arbore sur scène, c'est Bouteille qui lui en a donné involontairement l'idée, un jour de grand froid où le vent lui avait glacé le visage et rougi le nez.

Tout de suite, Coluche a trouvé émouvant et drôle à la fois l'image de ce nez rouge dont il se fera un symbole. Avec les lunettes, les cheveux qui frisottent allègrement autour de son crâne, la salopette rayée trop large, le personnage est en train de se composer. Et puis, il grossit, un peu par conviction, un peu par gourmandise. À ses débuts, il pèse 57 kilos pour 1,72 mètre ! C'est dire qu'il est mince.

Mais seuls les gros font rire, il en est convaincu. Il lui faut prendre des kilos. Comme il est gros mangeur et adore la bonne cuisine, ça devrait aller tout seul. Surtout qu'il est un « accro » des pâtes, des sauces et du pain ! Mais ça ne lui profite pas si vite que ça. Alors il accélère le mouvement, reprend de tout systématiquement, se goinfre méticuleusement et répète machinalement : « Il faut que je grossisse... il faut que je grossisse... »

Il va y arriver, bien sûr : dix kilos en un an ! Plus tard, bien plus tard, il niera avoir grossi volontairement :

« Mon personnage de petit gros, je ne l'ai pas entièrement fabriqué. J'avais tendance à la bouffe, alors quand j'ai eu des ronds, je suis devenu rond. C'est vrai que j'ai arrondi le personnage avec ma coiffure qui fait une tête de petit gros. J'ai joué la carte que j'avais[1]... »

Sa grande idée, en cette fin d'année 1970, c'est de monter son théâtre et d'y faire jouer sa propre pièce. Il lui faut de nouveau trouver un local. Et des acteurs.

Pour les acteurs, il emploie la méthode Bouteille : « Tu peux le faire, tout le monde peut le faire... Si tu te dis que tu es acteur, tu l'es ! »

Toutes ses connaissances, filles ou garçons, sont contactés, séduits : Coline Serreau, la future réalisatrice de *Trois hommes et un couffin*, Brigitte Roüan, Xavier Thibault, Alain Pellet, Aline Rua, Patrice Minet, Marie-Pierre André...

Il y a même une jeune apprentie journaliste qu'il avait entrevue, quelques mois plus tôt, au Café de la Gare, après un spectacle.

Il l'a revue par hasard à La Coupole. Elle a obtenu son diplôme universitaire, fait des stages à *Combat* et au *Figaro*, maintenant elle voudrait bien faire du journalisme pour de bon. Pour gagner sa vie, encore que, fille

---

1. *Lui*, janvier 1981.

d'un médecin aisé, elle ne semble pas avoir d'urgence de ce côté-là...

Trouver un local est autrement plus difficile : après avoir essuyé plusieurs refus et trouvé abri au Café de la Gare (!) puis dans des caves de la rue de la Grande-Truanderie prêtées par Jacques Renault, Coluche et ses potes, qui se sont trouvé un nom, « Au vrai chic parisien », échouent de nouveau rue d'Odessa. Cette fois de manière plus permanente, puisqu'ils prennent la place de l'équipe du Café de la Gare, qui a choisi l'exil rive droite.

La première pièce de Coluche, *Thérèse est triste*, laisse indifférent tous les directeurs de théâtre parisiens invités à venir l'applaudir. Dommage ! L'auteur espérait bien que dans le lot il s'en trouverait un pour reprendre la pièce dans son théâtre.

Elle sera jouée finalement au TTX 75[1] de l'Olympia en septembre 1971, mais dans de trop mauvaises conditions pour que ça puisse lui rendre service : elle ne passe que du lundi au vendredi, la scène est exiguë et la presse n'est pas toujours alertée comme il le faudrait. Cependant, quelques bonnes critiques viennent leur réchauffer le cœur.

Et puis, un jeune imprésario, à la réputation déjà affirmée, Paul Lederman, commence à s'intéresser à eux.

Avec son associé, Claude Martinez, Lederman est venu voir *Thérèse est triste*. Comme tout le monde, il a surtout remarqué Coluche qui, il faut bien le dire, fait tout pour ça. À lui les beaux rôles, les belles répliques, les mises en valeur !

---

1. Le TTX 75 est un cabaret ouvert dans le sous-sol de l'Olympia par Bruno Coquatrix, le propriétaire.

Une première fois, Lederman tente de lancer Coluche au théâtre La Bruyère. C'est le bide. Souvenir du producteur : « Un soir, Martinez et moi étions seuls dans la salle. Tout seuls. On n'a jamais autant rigolé. »

Son premier grand succès, la troupe du Vrai chic parisien va l'obtenir avec *Ginette Lacaze 1960*.

Tout au long de l'hiver 1972-1973, les fans viennent applaudir cette pièce un peu mélancolique, mais une mélancolie à la sauce Coluche.

Ginette, un peu paumée, rêve de gloire et de succès. En filigrane : le rock, la musique chère à Coluche depuis toujours. En arrière-plan aussi, la guerre d'Algérie…

Mais n'allez pas croire qu'on s'ennuie.

Un blouson de ski est-il entaillé lors d'une bataille à la *West Side Story*, l'infortuné s'écrie, angoissé :

« Que va dire maman ? »

Et puis, il y a l'apparition phénoménale de l'auteur qui, dans ce sombre drame « délirant », descend brusquement des cintres, emmailloté comme un bébé !

Les acteurs improvisent au gré des soirs, mais Coluche, habité par son rôle de meneur, n'apprécie que modérément de se voir voler la première place.

« Ce n'est pas à toi de faire rire, lance-t-il parfois à l'un ou l'autre de ses partenaires. C'est à moi ! »

Et il remet le public dans sa poche. Un public ravi, face à des acteurs qui le sont quand même un peu moins. Le Café de la Gare avait souffert de la trop forte personnalité de Coluche. C'est au tour du Vrai chic parisien d'en faire l'expérience.

Ginette Lacaze 1960, c'est aussi une histoire d'amour entre ladite Ginette et Boby, son amour d'enfance. Quand Boby touche enfin à la gloire en enregistrant son premier disque rock, il perd Ginette que lui « pique » un salaud d'imprésario…

De cette situation pathétique va naître un véritable chef-d'œuvre de burlesque tragique : Boby (Coluche) chante ou plutôt hurle son chagrin dans un show douloureux teinté de rock hargneux, le tout en imitant avec une humanité profonde le Johnny Hallyday de « Que je t'aime ».

Comique ? D'une certaine façon, oui. Mais surtout poétique et prenant. Car il y a, en plus, la voix de Coluche, cette voix déchirée, écorchée vive qui crie la souffrance de Boby :

Oh non ! Laissez-moi seul !
Oh ! Je veux rester dans le noir (refrain)
Je ne veux pas voir la lumière
Je veux chevaucher une dernière fois
Mon cheval d'acier vers la mort.
Je veux monter là-haut, tout là-haut
Sur la colline de mon malheur
Et me jeter dans le précipice de mon destin.

Pendant des années, cette chanson, ces cris, cette imitation l'accompagneront dans tous ses spectacles. Et il est amusant de se souvenir que c'est pour Boby qu'il a inventé le « cri du cochon », cette espèce de glapissement suraigu jailli de sa gorge, qu'il reprendra dans bien des sketches.

À partir du 12 mai 1973, *Ginette Lacaze* est jouée à l'Olympia, le grand, le vrai, en première partie de Dick Rivers, un vrai rocker… qui pourtant pâlit un peu plus chaque soir en s'apercevant que le public – censé être venu pour lui – accroche plus avec Coluche !

« Coluche ! Coluche ! Coluche ! »

Les serments d'amitié, de solidarité et de fidélité n'y peuvent rien : peu à peu, il se détache.

Sur la scène où son talent éclate chaque soir et le hisse au-dessus des autres. Sur l'affiche aussi. Au fronton de l'Olympia, Coluche est au-dessous (et en petits caractères) de Dick Rivers, mais il est – déjà – au-dessus (et en gros caractères) de la troupe du Vrai chic parisien. Désormais, même s'ils sont encore ensemble sur scène, il y a Coluche d'un côté et la troupe de l'autre.

Dans les coulisses, aussi, la coupure est en train de s'opérer.

Tout en continuant de prôner l'amitié, il s'éloigne insensiblement de ses copains. Encore une fois, comme au Café de la Gare, un désir secret, une certitude dévorante, s'emparent de lui : montrer ce qu'il est capable de faire tout seul.

D'une certaine façon, il le montre un peu plus chaque soir. Mais ce n'est pas encore assez. Ce ne sera jamais assez tant qu'il n'aura pas toute la scène pour lui tout seul. Et quoi de plus normal, après tout ?

Le talent qui l'habite est exceptionnel. Il le pressent, il le sait. Il doit l'exprimer dans toute son ampleur, même si le souvenir des débuts, des premières rêveries après la rencontre avec Bouteille, le retiendrait plutôt du côté de la troupe, des copains et des spectacles gentillets avec lesquels on fait seulement vivoter ses envies.

Le plus dur pour lui, ça a été de casser le lien avec Romain, de « tuer » le grand frère. S'il a été capable de le faire, ce n'est pas son affection, aussi grande soit-elle, pour les copains du Vrai chic qui pourra le retenir…

Pour le conforter un peu plus dans la conviction qui prend forme en lui, il y a les appels de l'extérieur : ces signaux venus du dehors qui vous font comprendre que vous ne passez plus inaperçu.

Il y a les petits rôles qu'on lui propose au cinéma.

Il y a le regard de Martinez, les premières promesses de Lederman.

Et surtout les rires des spectateurs auxquels on offre, comme ça, en passant, comme si de rien n'était, des sketches isolés et solitaires.

Il y a même la télévision qui, à l'automne 1971, lui a fait les yeux doux !

Mais oui ! Et pas pour n'importe quelle émission : pour remplacer Jacques Martin auprès de Danièle Gilbert dans « Midi-Magazine » pendant tout le mois de novembre, chaque jour de la semaine à 12 h 30 ! Le chanteur Antoine devait être l'homme de la situation, il s'est désisté. Alors, Martin a proposé Coluche.

« La spécialité du nouveau présentateur de "Midi-Magazine" : baisser son pantalon », titre l'hebdomadaire *Télé-Magazine*, qui annonce l'événement dans son numéro du 30 octobre 1971. Et le journal d'écrire :

« À "Midi-Magazine", où il va remplacer Antoine à partir du 2 novembre, vous ne verrez pas Coluche dans son costume de scène : "Ils ne veulent pas, alors je vais m'habiller en dimanche, c'est-à-dire mettre ce que j'ai de mieux." Georges Folgoas, qui est venu le voir jouer dans *Thérèse est triste*, au TTX 75, le cabaret de l'Olympia, lui a proposé de succéder à Antoine, et il a aussitôt accepté. Mais il ne quitte pas pour autant sa troupe, Au vrai chic parisien, bien au contraire. Ses musiciens l'accompagneront à l'ORTF, et il compte bien que son passage à la télévision profitera aux quatorze membres de la troupe. [...] Quant à "Midi-Magazine", ce sera une expérience qui durera un mois "s'ils ne me mettent pas à la porte avant". Il se contentera de présenter sagement l'émission, mais, malgré cela, "Midi-Magazine" risque de ne pas se ressembler pendant un mois. »

Le magazine accompagne son article de photos de Coluche cul nu – avec carré blanc, s'il vous plaît – et des légendes ironiquement agressives, du genre : « Le plus fatigant en scène : baisser son pantalon », ou encore pour « expliciter » une autre photo sur laquelle Coluche, de dos, est en train de se déshabiller : « À droite, c'est Coluche. Il faut le savoir. C'est une scène capitale de l'intéressant spectacle qu'il présente chaque jour au TTX 75. »

Ambiance, ambiance…

Et *Télé-Magazine* n'est pas le seul : ils sont nombreux à le guetter, et à parier sur le nombre de jours qu'il tiendra avant d'être viré.

Ceux qui ont tablé sur cinq ont gagné !

Eh oui ! Il arrive tout juste au bout de la semaine quand Georges Folgoas, le producteur imprudent qui l'avait fait venir, doit le mettre à la porte sur ordre du ministre de l'Intérieur, Raymond Marcelin. Lequel avait à la fois fait pression sur le Premier ministre et sur le directeur de l'ORTF, Roland Dhordain.

Folgoas lui-même, jugé coresponsable du scandale, est mis à l'écart.

Pourquoi cette colère de Marcelin ? Pourquoi cette mise à la porte après cinq jours ?

Pour tout un ensemble de plaisanteries équivoques ou de grossièretés qui faisaient passer la pauvre Danièle Gilbert par toutes les couleurs possibles.

Mais surtout à cause du « hip hip hip hourra pour Marcelin, le roi des flics ! » que Coluche balançait avant le générique de fin.

Aujourd'hui, ça passerait aussi aisément qu'un Guignol sur Canal+ ! À l'époque, ça faisait plutôt désordre…

« Je ne suis surpris que d'une chose, c'est d'avoir été engagé, ironise Coluche le 20 novembre 1971 dans *Télé*

7 jours. Mon état d'esprit est tellement peu conforme à celui de l'ORTF. En fait, on me reproche d'avoir fait de l'humour sur des sujets tabous [...]. L'humour a toujours été contre le pouvoir, quel que soit le régime. Ils devraient relire Molière à l'ORTF [...]. Au fond, c'est tant mieux pour moi. La télé française est une maison de retraite, et je ne me sens pas assez vieux pour y entrer. »

Quand il rejoint sa troupe, après l'épisode télé, les rangs se resserrent pour quelque temps. En se perdant un peu dans ces conditions-là, ils se sont retrouvés. Et ils s'aiment plus fort encore.

Après *Ginette Lacaze*, hélas, c'est le temps de la zizanie qui revient en force. Tout ce qui couvait depuis des mois éclate au cours de l'été 1973.

Coluche n'en peut plus d'être lié à la troupe. Les autres, de leur côté, ne supportent plus de sentir si vif son désir de les laisser en chemin.

Mais il n'y peut rien et eux non plus. Plus tard, il prendra le temps de s'en vouloir. D'une certaine façon, il ne se pardonnera jamais ce qu'il ressentira, jusqu'au bout de sa vie, comme une trahison.

Plus tard...

Maintenant, la volonté est trop violente, l'envie trop forte. Il devient hargneux, méchant, boit beaucoup et libère ses plus mauvais instincts sous l'effet de l'alcool. Les autres trinquent.

C'est le Café de la Gare qui recommence.

Il prend quand même le temps, durant ce terrible été 1973, d'écrire une nouvelle pièce : *L'Introduction à l'esthétique*. Une pièce étrange dont personne, même pas les acteurs, n'aura véritablement compris le sens.

Quand Coluche en parlait, il tombait assez vite dans un descriptif surréaliste :

« Il s'agissait de six mecs qui passaient le réveillon de Noël ensemble, devant une table bien garnie. C'était chaque soir une bouffe monumentale. On ne disait que des banalités. Le texte était insignifiant, la mise en scène était plate, et les gens se marraient tout le temps. Un truc étonnant. Dans la pièce, tout le monde était con. Hélas, il y en avait un que les cons prenaient pour un con. Ça a été le début du désastre[1]… »

Dès qu'il en a l'occasion, il s'évade et tente sa chance, seul. C'est ainsi que naissent, au hasard de passages dans de petits cabarets comme Au Port du Salut, ou même dans des salles lugubres pour des soirées privées, des sketches qui, bientôt, lui vaudront la gloire : « L'histoire d'un mec », notamment. Lequel deviendra plus tard : « Sur le pont de l'Alma ».

« C'est l'histoire d'un mec qui est sur le pont de l'Alma », attaque Coluche. Et pendant cinq minutes, il fait rire son public avec un argument minuscule : le mec en question a fait tomber ses lunettes dans l'eau et il attend qu'elles repassent sous son nez ! L'hilarant, ce sont surtout les perpétuelles digressions de Coluche, beaucoup plus drôles que l'histoire en elle-même.

Il raconte aussi quelques-unes de ces histoires qu'il regroupera plus tard sous le titre : « Histoires à bides. » Et puis il chante un pastiche québécois : « J'y ai dit viens », qui montre bien que toutes les occasions sont bonnes et qu'il n'a surtout pas renoncé encore à sa vieille envie : devenir chanteur.

Parfois, certains sketches se terminent mal. Quand il sent que les gens ne le trouvent pas drôle – en général parce qu'il passe en fin de soirée et que tout le monde est déjà très fatigué ou très soûl –, il les insulte !

Il ne fait pas non plus toujours dans la plus extrême délicatesse. Exemple, le sketch « Gugusse » qui met en scène un personnage avec un bras plus court que l'autre,

---

1. *Le Point*, 22 décembre 1975.

une déformation du visage et quelques autres handicaps physiques dont Coluche tire le meilleur parti pour faire rire. Le soir où il choisit de jouer « Gugusse » dans un spectacle auquel n'assistent que de jeunes handicapés moteurs, c'est le scandale ! Les enfants rient, mais pas leurs parents qui, outrés, demandent et obtiennent l'expulsion immédiate du comique !

Ailleurs, ses « performances » sont moins remarquées.

Les critiques l'ignorent, à l'exception de Paul de Montaignac, de *L'Officiel du spectacle*, qui lui a consacré quelques mois plus tôt un article dithyrambique :

« Si vous n'avez pas encore vu Coluche comédien, clown, mime, auteur, il faut aller très vite, sans délai, au Port du Salut. C'est un numéro extraordinaire, rare, d'un comique irrésistible. Tout est drôle : les mimiques, les textes, les situations [...]. Quel artiste, quel talent ! C'est désopilant, c'est intelligent, pris sur le vif [...]. Un très grand numéro de haute bouffonnerie, parfaite, qui nous vient, une fois encore, du café-théâtre. Malgré son échec au La Bruyère, Coluche sera sûrement une très grande vedette d'ici peu[1]. »

Quand arrive l'heure de la séparation avec la troupe du Vrai chic, elle est vraiment la bienvenue pour tout le monde.

En proie à ses doutes, Coluche sait quand même qu'il doit se lancer seul. Et les autres n'en peuvent plus d'attendre son départ. Il est devenu trop nerveux, dictatorial, insupportable dans son obsession : toujours tirer la couverture à lui, que ce soit sur scène, à table, dans les bistros, en coulisses ou même dans la rue !

Comme au Café de la Gare, on vote. Seule Véronique, la journaliste en herbe, s'est abstenue. Les autres ne veulent plus travailler avec Coluche. S'il veut

1. 27 décembre 1972.

continuer seul, qu'il continue ! Eux, Martin Lamotte en tête, vont aller traîner leurs guêtres ailleurs. Monsieur le directeur du Vrai chic reste seul. Une dernière fois, il joue les matamores, les seigneurs :

« Attention les gars ! C'est moi qui vais être la vedette maintenant, et vous l'aurez dans le cul, leur lance-t-il. Donc, je vous laisse le théâtre, les costumes, la pièce, tout. C'est simplement Coluche qui s'en va[1]. »

Mais ça ne marche plus. Ils lui renvoient l'affront en plein visage, comme un boomerang : Coluche peut rester, eux s'en vont !

En fait, comme il n'est pas facile de trouver des salles et que, d'un autre côté, Coluche aura du mal à joindre les deux bouts seul, ils arrivent à une solution qui arrange tout le monde : ils se partageront régulièrement la salle.

Les vraies difficultés sont là, mais Coluche, mystérieusement et malgré tous ses doutes, sent qu'il est prêt. C'est le grand tournant. Il va falloir le négocier sans sortir de la route.

« Je sais que ça ne tient qu'à moi, dit-il alors. C'est à la fois réconfortant et inquiétant. Quand vous savez que désormais vous serez seul tous les soirs sur la scène, elle vous paraît définitivement plus grande. Mais vous savez aussi que faire rire ne dépend plus que de vous. Et, pour ça, j'ai confiance en moi ! »

Imperméable à toute logique, il monte en quelques jours, avec ses sketches disparates, son premier one-man-show et l'intitule sobrement : *Mes adieux au music-hall* !

Nous sommes à la fin de l'année 1973. Il a vingt-neuf ans.

---

1. *Lui*, janvier 1981.

Dans son cœur et auprès de lui, il a désormais, depuis un petit bout de temps, une jeune femme dont il dira plus tard : « À partir du moment où elle a été là, ça a changé toutes les données… »

VÉRONIQUE

« Jeune journaliste, j'étais venue faire un reportage sur la troupe. Mais finalement, il n'y avait que Coluche que j'avais envie d'interviewer et lui seul[1]… »

Une fois, deux fois, trois fois, Véronique Kantor va revenir au Café de la Gare, cherchant à accrocher le regard de ce drôle de type qui semble l'ignorer totalement.

C'est l'époque où le Café de la Gare est en pleine ascension. On parle d'eux tous de plus en plus, et les journalistes commencent à défiler rue d'Odessa. Coluche n'est pas forcément le plus aimable ni le plus loquace avec eux.

La plupart se passent de lui. Pas la jeune Véronique : « Moi, là-bas, je n'ai vu que lui. Malgré son silence glacé, son air bougon et ses yeux qui regardaient tout, sauf moi. Alors, toujours sous prétexte de finir mon enquête, je suis revenue le lendemain soir, puis le surlendemain. Jusqu'à passer toutes mes soirées au Café de la Gare… Il a fini par me voir et même par me reconnaître[2]. »

Ce n'est peut-être pas le coup de foudre, côté Coluche, mais les deux jeunes gens prennent l'habitude

1. À Michel Drucker dans « Les Rendez-vous du dimanche » sur TF1.
2. *Ibid.*

de se retrouver après le spectacle. Ils dansent même ensemble dans des bals organisés, rue d'Odessa, par le Café de la Gare. Puis, ils se perdent de vue quelques mois et se retrouvent à La Coupole, par hasard, au moment où Coluche est en errance. Il vient de quitter le Café de la Gare, se balade beaucoup dans Montparnasse et le quartier Latin, cherche déjà des acteurs pour sa prochaine troupe.

Sa manière à lui de dire à Véronique qu'il est heureux de la revoir et qu'il n'a pas vraiment envie de la perdre de vue une nouvelle fois, c'est de lui proposer de venir travailler dans son futur café-théâtre.

La jeune femme a envie de faire du journalisme. Elle a aussi envie de rester auprès de Coluche : elle accepte. *Exit* l'apprentie journaliste. *Exit* aussi l'étudiante de la Sorbonne. Pour lui, elle quitte tout, comme ça, en un instant, au désespoir de ses parents.

M. Kantor, le père de Véronique, est un chirurgien renommé. Il espérait, bien sûr, que sa fille aille au bout de ses études. Et il n'apprécie pas qu'elle lie sa vie à un saltimbanque.

Pendant un an, le jeune couple vivote dans diverses chambres de bonne prêtées par les uns ou les autres.

Ils possèdent en tout et pour tout une antique Harley Davidson datant de la dernière guerre – Coluche a déjà la passion des motos – et une vieille Simca 1000 offerte par René Metge, le mari de Danièle Colucci, la sœur aînée. Mais ils sont heureux, comblés de l'amour plein qu'ils se portent.

Véronique croit en Michel. Elle sait que la réussite, la reconnaissance et la gloire sont au bout de ses doutes. S'il faut en passer par les vaches maigres en attendant, ce n'est pas un problème.

Chacun offre à l'autre une vision de son propre univers.

Coluche emmène Véronique à Montrouge, là où il a grandi. Il lui présente ses copains de toujours, lui fait découvrir son école, sa rue... En « échange », elle l'emmène à la Sorbonne, lui fait visiter la fac, l'amphithéâtre, lui offre un contact, même furtif, avec des amis étudiants, des professeurs.

Fidèle à sa technique de l'éponge, Coluche engrange. D'autres que Véronique se seraient sans doute lassées d'une vie aussi précaire. Habituée au confort bourgeois, elle est tombée, avec Michel, au bord de l'extrême pauvreté. Mais elle y croit toujours.

Plus tard, elle laissera entendre qu'elle avait dû rompre avec ses parents en choisissant de vivre avec Coluche : l'amour l'avait emporté sur l'argent sans véritable dilemme.

En 1972, elle lui donne leur premier enfant. Ils décident de l'appeler Romain, pour Romain Bouteille, évidemment.

Fou de joie dès qu'il a su qu'il allait devenir père, Michel déborde aussitôt de projets. Il décide qu'il faut déménager : fini les chambres de bonne ! Il veut que son petit ait une chambre pour lui tout seul. Avant même la naissance de Romain, il loue un trois-pièces dans une HLM.

Mais ils ne se marieront pas tout de suite. En fait, ils attendront même trois ans après la naissance de Romain. Véronique, qui a très envie de devenir la femme de Michel, veut aussi obtenir le consentement de son père. Elle ne peut supporter l'idée que ses parents, qu'elle aime et respecte, demeurent hostiles face à un engagement aussi grave. La présentation de Michel aux siens – scène cocasse et émouvante – va s'inscrire dans la mémoire de tous ceux qui l'ont vécue.

« Papa, je te présente ton futur gendre. »

Dans le salon de l'appartement luxueux, la famille réunie fixe le jeune homme joufflu au visage encadré de longues pattes noires, vêtu d'une salopette bleu ciel, d'un tee-shirt vert épinard et chaussé de baskets jaune citron !

« Cette première entrevue entre mon père et Coluche n'a pas été des plus chaleureuses, expliquera Véronique. L'ambiance était plutôt tendue et mes parents posaient sur mon fiancé un regard ahuri. »

Coluche, lui, était plus gêné que jamais dans sa vie. Il sautillait d'une basket sur l'autre, cherchant vainement le moyen de s'enfuir de ce salon trop cossu, de ce silence si glaçant, si total qu'on l'aurait cru éternel !

Soudain, les plombs sautent ! La lumière s'éteint. Tout le monde patauge dans le noir. Sauf Coluche qui prend les choses en main, se fait indiquer l'endroit où se trouvent les plombs, détecte la panne en cinq secondes, la répare en dix et se retrouve dans le même salon, en pleine lumière, toujours dans la même salopette mais avec, soudain, une « auréole de héros » !

M. Kantor s'est détendu. Il offre le café au « génial bricoleur », et lorsque le mariage aura enfin lieu, le 16 octobre 1975, les parents de Véronique seront là pour donner leur bénédiction. Une cérémonie classique... assez loin de l'anticonformisme affiché par le marié en d'autres circonstances.

Les deux années qui viennent de s'écouler ont été capitales dans la carrière de Coluche.

Depuis qu'il est devenu papa, il a redoublé d'énergie. La présence de Véronique, son amour si fort, les sourires de son bébé lui donnent des ailes. Plus rien ne lui résiste !

« Pour y arriver, dira-t-il plus tard, j'étais prêt à tout. Quand j'ai senti que la chance pouvait me sourire, j'ai serré les poings. Je n'ai rien fait de plus que ce qu'auraient fait beaucoup de gens. Après tout, n'importe qui est prêt à travailler, surtout quand ça commence à marcher et que l'avenir laisse entrevoir un confort que l'on n'a jamais connu. »

Il découvre le pouvoir de l'argent mais surtout le bonheur qu'il permet d'offrir à ceux qu'il aime.

À sa femme, à Romain, à Marius, son second fils, né un an jour pour jour et heure pour heure après son mariage avec Véronique. À sa mère, aussi, qu'il va pouvoir enfin remercier de tous ses sacrifices.

Il loue une maison dans le XIVe arrondissement, rue Gazan, juste avant la naissance de Marius. Cette maison, c'est tout un symbole. Celui du moment où il a basculé. Accepté d'entrer dans le système.

Paul Lederman s'était de nouveau manifesté. Il le pressait de s'en remettre à lui complètement. Il pouvait lui faire gagner de l'argent, beaucoup d'argent, mais encore fallait-il jouer le jeu.

Qu'est-ce qui va décider Coluche à franchir ce pas décisif ?

L'envie de donner plus à sa famille maintenant qu'il a les bonnes cartes en mains. Sûrement. Mais il y a surtout le désir de réussir. Et s'il faut « flirter » avec le système, il le fera. Ce sont ces deux flammes qui le guideront au moment du grand choix.

ENFIN SEUL !

Il est en pleine représentation des *Adieux* quand Paul Lederman et Claude Martinez font une nouvelle fois irruption dans sa vie.

Il y a plusieurs années maintenant qu'ils le connaissent.

Claude Martinez a senti depuis longtemps que Coluche ferait partie des grands, un jour. Qu'il ne fallait pas le perdre de vue. Régulièrement, depuis le début des années 1970, il en reparle à Lederman.

C'est lui qui a poussé Paul à s'insurger parce qu'on fait passer la troupe du Vrai chic dans les caves de l'Olympia du lundi au vendredi exclusivement. Et pas le week-end, où un public plus nombreux pourrait découvrir leur pièce, *Thérèse est triste*. C'est lui encore qui a convaincu Lederman de faire jouer *Thérèse* au théâtre La Bruyère. Avec, pour conséquence, l'échec retentissant que l'on sait.

C'est lui, toujours, qui démontre à son aîné toutes les bonnes raisons qu'il y a à soutenir Au vrai chic. Quand Coluche se retrouve « enfin seul », Martinez va assister plusieurs fois à ses *Adieux au music-hall*.

Tout de suite, il acquiert la certitude qu'il faut faire enregistrer un disque au « petit gros » en salopette.

Lederman est d'accord. Reste à convaincre Coluche, ce qui n'est pas le plus aisé ! Car celui-ci veut et ne veut pas à la fois. Il a envie d'être une vedette, mais hésite encore à se renier en entrant dans le système. Il va même jusqu'à leur proposer de signer si Romain Bouteille signe lui aussi !

Grand frère pas mort !

Mais Bouteille a, depuis longtemps, réglé ce genre de dilemmes : lui ne mange pas de ce pain-là et n'en mangera jamais. Si Coluche veut y aller, qu'il y aille tout seul ! Alors, l'autre fait le tour des copains, des relations, et à tous il demande ce qu'ils en pensent.

Tous le laissent face à son problème, face à ces quelques phrases qu'il répète sans cesse comme pour mieux se convaincre :

« Y a un type qui veut me vendre comme un paquet de lessive, mais il me propose un contrat de cinq ans… »

Même Véronique ne veut rien conseiller. C'est à lui de choisir.

Il livre encore quelques barouds d'honneur :

« Le disque que tu vas me faire enregistrer, ça fera vingt-cinq mille exemplaires grand maximum, ricane-t-il au nez de Martinez. Tu vas perdre tout ce que tu veux ! »

En fait, l'album *Mes adieux au music-hall* se vendra à deux cent cinquante mille exemplaires !

Même scénario lors de l'entrevue décisive avec Lederman que Coluche avait racontée lui-même au journaliste Maurice Szafran :

Lederman : Viens travailler avec moi et tu vas empocher beaucoup, beaucoup d'argent.

Coluche : Je ne te crois pas.

Lederman : Combien gagnes-tu en ce moment ?

Coluche : Trois, quatre mille francs par mois.

Lederman : Je te garantis cinq mille francs, même si au début on n'y arrive pas.

Et Coluche ajoutait :

« Quelques semaines plus tard, je les ai touchées par jour, ces cinq mille balles. Lederman, il a cru plus en moi que moi. »

Enfin, il a signé. Paul et Claude se sont associés, car même si Martinez a très envie de se lancer, « enfin seul » lui aussi, il sent que la collaboration avec Coluche va être accidentée et que la poigne, la maturité, l'expérience de Paul seront bien nécessaires.

L'enregistrement – houleux – a lieu : Coluche ne supporte pas l'idée que, pour le disque, il faille couper des passages silencieux de la scène. Comme, en plus, Pathé-Marconi, la maison de disques, se fait plus ou moins tirer l'oreille, l'ambiance est morose.

À la première audition du disque, Lederman flashe complètement. Le grand frisson qu'il n'avait pas encore connu avec Coluche, ça y est, il est là, et ça lui arrive dans son bureau, en écoutant ce tout premier disque !

Brusquement, il comprend tout. Ce type colérique, grossier, emmerdeur, caractériel, a un talent fabuleux. C'est un génie ! Et c'est lui, Lederman, qui en a hérité !

Au moment où il entre, « pour de bon », dans la vie de Coluche, Paul Lederman est déjà, à moins de trente-cinq ans, un génial fabricant de stars. Claude François, c'est lui. Et aussi Le Luron. Les deux plus grands, mais il y en a d'autres : Lucky Blondo et sa « Jolie petite Sheila », Christophe et son « Aline », Hervé Vilard pour l'éternel « Capri, c'est fini ».

Lederman a une méthode qui est aussi un principe : il prend un inconnu et il en fait une star. Il a commencé par lui !

« Je suis parti de rien et je me suis fait tout seul… »

La formule pourrait avoir été inventée par ce drôle de bonhomme d'origine juive polonaise, né à Tanger en 1940, et qui, là-bas au Maroc, ne parlait que le yiddish.

À dix ans, il débarque à Marseille avec sa famille. Son bagage – unique –, c'est l'amour de ses parents. Il ne travaille pas bien à l'école et préfère apprendre par cœur les chansons à succès qu'il entend à la radio. Très vite, il plonge dans la musique. À Paris, où il vit dès qu'il a abandonné ses études, il devient disquaire Porte de Clignancourt, dans une de ces grandes surfaces installées à proximité des casernes, où on ne trouve que des disques américains.

« Je m'y suis jeté comme un fou, j'écoutais nuit et jour. Trois semaines plus tard, c'est moi que l'on venait consulter au sujet de telle ou telle chanson [...]. Ensuite, je suis allé travailler aux Puces. Les clients venaient chercher le disque français introuvable. Je voulais à tout prix le leur donner, j'y passais une semaine, mais ça marchait[1]. »

Il devient un spécialiste incollable de la chanson française et ça commence à se savoir. Ce gamin a une discothèque dans la tête !

Engagé comme disquaire aux Champs-Élysées, il réclame des augmentations chaque semaine ou presque à son patron.

Normal : il vend bien plus de disques que les autres vendeurs !

À dix-neuf ans seulement, il participe à des conseils d'administration, donne son point de vue, l'impose de plus en plus souvent. Il crée de nouvelles techniques de vente, de promotion. Ça ne lui suffit pas. Il veut plus. Apporter davantage aux artistes. Ses nuits, il les passe au Golf Drouot où il découvre Lucky Blondo, son premier « bébé », et décide de le lancer.

---

1. *Le Matin*, 10 janvier 1981.

« Il fallait du cran, je n'en manquais pas[1]... », dira-t-il plus tard.

Ensemble, ils sortent « Jolie petite Sheila » qui devient un énorme succès. C'est parti, ça ne s'arrêtera plus. Six mois plus tard, il croise Claude François chez Philips.

Nous sommes à la naissance des années 1960 : il va transformer Claude en « Cloclo ». Sa méthode ? Toujours la même : il fait tout, s'occupe de tout, veille à tout, décide de tout et... ne se trompe pratiquement jamais !

Toujours disponible, son poulain peut l'appeler à trois heures du matin pour lui demander un conseil, il répond, le rassure, trouve les mots qui conviennent. Il ne quitte pas ses artistes, les materne, les protège, les console à l'occasion, s'occupe de leur feuille d'impôt, de leurs petits problèmes comme des gros.

« Un chanteur est par essence un angoissé. À moi de l'aider à exprimer ce qu'il porte en lui de meilleur[2] », dit-il.

Après dix ans de collaboration, il se sépare de Claude François qui le trouve trop gourmand. Il lance Thierry Le Luron, un imitateur de dix-sept ans, certes doué, mais sur lequel, à ce moment précis, personne n'aurait misé un centime. Lui, il ose. Et fait preuve – une fois de plus – de ce flair génial et si indéfinissable... même par lui : « Je ne suis pas intelligent. J'ai de l'intuition. » Et là, il en fallait ! Un imitateur, c'est bien connu, ça ne vend pas de disques. Quand Paul décide de faire enregistrer Le Luron, tout le métier crie au fou. À tort.

Le débutant « cartonne » au point de se retrouver en tête des hit-parades, du jamais vu !

---

1. *Le Journal du Dimanche*, 3 novembre 1985.
2. *Ibid.*

Au bout de quelques années, Le Luron, comme d'autres avant lui et après lui, ne supporte plus, à un moment donné, les pourcentages que Lederman s'octroie. Il trouve que trop, c'est trop. C'est la rupture.

« Je lui ai toujours dit "vous" car, avec ce qu'il me prenait, je croyais qu'ils étaient deux. » Et l'imitateur d'ajouter, cinglant : « Pour le même prix, j'ai maintenant un manager, un médecin, un avocat et un chauffeur-secrétaire. »

Cet appât du gain qui lui est reproché, Lederman ne s'en défend pas. Mais il le justifie, comme à vingt ans il justifiait ses demandes d'augmentation auprès de son patron parce qu'il vendait trois fois plus de disques que les autres employés !

« Plus cher que les autres ? Peut-être, mais j'assume le travail de dix... »

Quand il rencontre Coluche, il est malgré tout marqué, blessé par son procès avec Le Luron, les allusions terribles de son ex-poulain, les commentaires ironiques dont il est la cible. Il s'est aperçu que, dans ce métier, il est très difficile d'apporter des preuves concrètes de son efficacité. Tout est si imprécis, fondé sur des sensations plus que des faits...

Il se défend en arguant d'une méfiance atavique des Français vis-à-vis de la réussite :

« De toute façon, la France a adopté deux attitudes psychologiques caractéristiques : le talent, il vaut mieux l'avoir vieux ou mort, et l'argent, si vous en possédez, c'est que, forcément, vous êtes malhonnête. »

Mais il souffre sincèrement. Un complexe est en train de naître et Coluche va vite le dénicher. Et en jouer.

Tout en se laissant séduire par le personnage : « Si Paul te choisit, il ne te parle plus comme à un débutant mais comme à une future vedette », racontait-il. Il avait toujours gardé en mémoire la fameuse apostrophe de Paul : « Si tu m'écoutes, tu vas devenir une star ! »

« Je l'ai pris pour un dingue. J'ai quand même fait comme il m'a dit… »

Et les choses vont aller très vite. Guy Lux, qui est encore à cette époque le roi incontesté des variétés à la télévision, est « convoqué » au Café de la Gare où on lui demande de se rendre discrètement (carrément incognito !) tant Lederman craint les réactions des membres du théâtre. Mais il faut que Guy Lux découvre Coluche et qu'il lui fasse vite faire une télé !

L'animateur filme quelques sketches pour les diffuser dans son émission « Domino », mais sans programmation précise. Quand passeront-ils ?

Quelques jours plus tard, le 19 mai 1974, Valéry Giscard d'Estaing est élu président de la République. Il remercie la France en direct, mais François Mitterrand, le vaincu, semble moins pressé de s'exprimer. La liaison avec Château-Chinon présente quelques difficultés.

La France attend, mais ne voit rien venir. Alors, Guy Lux se décide à meubler : il passe Coluche dans « L'histoire d'un mec » !

À l'heure où des dizaines de millions de Français sont devant leur télé !

La salopette surgit sur l'écran, le gros joufflu qui est dedans éructe son histoire, tout le monde se marre, Coluche fait un tabac, personne ne proteste, Guy Lux ne se fait pas « engueuler », Lederman boit du petit lait…

Peu après, il demande à son nouveau poulain de se produire dans un restaurant qu'il possède rue de Berri, près des Champs-Élysées, et qu'il a l'intention de transformer en cabaret.

Le Jour et la Nuit va devenir Le Caf'conc', et Paul, qui ne perd jamais la tête, obtient de Coluche qu'il y passe gratuitement pendant un mois à partir de septembre.

En échange, il lui a abandonné sa part de recette sur le Café de la Gare !

Les murs de la capitale sont couverts d'affiches énormes vantant les talents de Coluche. Explication de Lederman : « Les gens revenaient de vacances. Ils n'avaient rien vu pendant un mois. Ils ne pouvaient pas avoir une autre réaction que de se dire : “Ce type, Coluche, il doit être formidable pour avoir sa tête en aussi grand. Allons le voir.” »

Le Caf'conc' de la rue de Berri ne désemplit pas et les histoires de Coluche sont bientôt sur toutes les lèvres. Cette fois, c'est parti !

En quelques mois, *Mes adieux* se vend à deux cent cinquante mille exemplaires. « L'histoire d'un mec » devient un sketch culte, la silhouette du « gros » devient familière. Ce qui ne le rend pas forcément plus aimable avec Lederman. Loin de le traiter en bienfaiteur, il affiche à l'égard de son producteur une méfiance qui croît avec le succès !

En permanence, il veut montrer à Paul – et aux autres – qu'ils ne sont pas du même monde. Lui est un pur, l'autre un requin, un faiseur de fric. Comme pour se dédouaner vis-à-vis de lui-même – des potes aussi ? –, Coluche a besoin de jouer au vigilant. D'être celui auquel on ne la fait pas.

Bref, sa bonne conscience, il la trouve ou la retrouve dans ses agressions envers Lederman. Le message le plus fréquent : « Attention, je sais que tu m'escroques, mais ne va pas trop loin ! »

L'autre ne répond rien. Il a l'habitude de ces réactions. Il les a connues chez bien des jeunes artistes à leurs débuts. Il sait qu'ils en ont besoin pour s'affirmer. Se donner une contenance morale. Parfois, il s'énerve tout de même, surtout quand il sent que Coluche joue à : « Voyons voir jusqu'où je peux aller trop loin. »

Ainsi, quand, au tout début de leur association, Paul avait obtenu une interview de Coluche dans *Télérama*[1]. Entre deux provocations, l'interviewé, en superforme ce jour-là, balance :

« Il y a un type qui est sûr que le mois prochain je vais être une vedette. Il va me lancer comme un paquet de lessive. Moi, je ne suis pas très sûr que ça marche, mais du moment que c'est pas mon pognon ! »

En dehors de ces provocations et de ces joutes assez puériles, Coluche a vite compris tout ce que Paul va lui apporter. Avec son intuition fabuleuse, l'autre a vite perçu ce qui rend Coluche plus grand que les autres :

« Je cherche toujours à savoir si l'artiste sur lequel je vais miser a un regard universel. Et aussi s'il est adapté à l'époque, à la vie sociale. Coluche, j'ai tout de suite vu ce qui le rendait impérial : c'était un comique des rues, un comique urbain. Il parlait des thèmes éternels avec un autre langage. » Comme, en plus, Lederman a ressenti les doutes de Coluche à son endroit (« il était encore imprégné de mai 1968 et craignait la manipulation... »), il met au point une manière assez souple de travailler.

Plus souple qu'avec Le Luron ou Claude François. Parce que les temps ont changé ? Surtout, parce qu'il comprend qu'il lui faut s'adapter à l'artiste. Pas de contrat, pas de chaînes, rien qu'un lien qui se noue, qui va devenir affectif à force de succès, d'efficacité, de compréhension :

---

1. Avril 1974.

« Je m'occupais de lui, tout simplement, raconte Lederman. À certains moments, il arrivait avec des sketches tout faits, à d'autres, il me disait : "J'ai envie de faire ça" et on en parlait. Un jour, dans une discussion, il m'a expliqué une idée et je lui ai répondu : "Écoute, si tu fais cela, les Français vont adorer." C'est un peu comme ça que la confiance se gagne entre un artiste et un manager. »

Le sketch en question, c'est « Le schmilblick », sans doute le plus énorme succès dans la carrière de Coluche :

« Ce n'était pas ce qui le symbolisait le mieux, reconnaît Lederman, mais c'est ce qui lui a permis de dire ensuite tout ce qu'il a voulu. C'est-à-dire ce qu'il était, lui. Car il n'était pas un simple comique, il n'avait pas le choix de l'expression. Il pensait comme ça. Il était lui-même. »

La marche vers la gloire est lancée. À coups de mots, de phrases, de textes qui touchent en profondeur des millions de gens. Les sketches s'accumulent, provoquent de gigantesques éclats de rire mais aussi, derrière les rires, de troublantes interrogations. Coluche a tous les atouts pour réussir, dont le moindre n'est pas ce Lederman qui connaît toutes les pièces du Meccano, qui sait mettre en rapport l'artiste et le public sans abîmer l'homme.

Grâce à lui, Coluche va trouver des théâtres de plus en plus grands pour ses phrases. Des lumières de plus en plus éclatantes pour ses images.

Homme de tous les univers, il va les recréer sur scène, réinventer tout un monde, des centaines de personnages, imaginer un nouveau langage et un nouveau tempo pour faire résonner les mots ! Le clown en salopette, avec son nez rouge, ses petites lunettes cerclées de fer, son gros ventre et son air ahuri va faire bouger son monde, réveiller des angoisses, soulever des tares, écraser des complexes, ridiculiser des certitudes. Sa gloire est en marche. C'est une étrange marche des mots...

LA MARCHE DES MOTS

Je n'ai fait que deux bons mots dans ma vie : j'ai dit « Oui, mais » à de Gaulle et « Vous n'avez pas le monopole du cœur » à Mitterrand. Avec ça, j'ai bâti une carrière. Vous, avec des phrases même pas françaises, vous nous ratatinez.

Valéry Giscard d'Estaing à Coluche

« Me repaître de la bêtise, de la médiocrité, de la mesquinerie des gens, c'est ce que je préfère ! Je ne m'intéresse qu'à ça. Les vrais tarés, j'adore ! C'est ce qui me fait le plus rire, la bêtise[1]... »

Certains mettent une éternité à trouver leur créneau. Pas lui. Très vite, il est devenu ce que Lederman appelle un « comique des rues », avec un langage nouveau pour parler de thèmes universels. Et un dénominateur commun : la connerie !

« Il ne sera plus à la mode quand il n'y aura plus de connerie sur terre... On n'y est pas[2] ! », aime à dire Lederman. Le génie de Coluche, c'est surtout de nous avoir, pendant des années, renvoyé nos tares, nos petitesses, en pleine figure pour mieux nous les montrer.

Et d'avoir réussi à nous faire rire avec ! Son autre génie, c'est d'avoir su dépasser le rire pour nous laisser,

1. *Paris-Match*, 6 novembre 1976.
2. *Cosmopolitan*, septembre 1991.

parfois, face à des constats tragiques : « Tout le monde se plaint maintenant, alors, vous ouvrez le journal pour apprendre que vingt Portugais, hommes, femmes et enfants, vivent dans la même pièce, un taudis dégoûtant, une photo. C'est horrible ! Je dis non ! Ces gens-là n'ont pas de raison de se plaindre, on n'est pas allés les chercher ! Et puis qu'est-ce que c'est que ces Portugais qui viennent retirer le pain de la bouche de nos Arabes[1] ? »

Son premier « coup de fusil » en pleine figure d'une France qui ne doute pas particulièrement, alors, c'est en 1974, au moment précis où les Français accordent gentiment (bien que de justesse) leur confiance à Valéry Giscard d'Estaing. Après de Gaulle pendant onze ans, Pompidou stoppé par la maladie au bout de cinq ans, c'est Giscard qui sera notre président de la République jusqu'en 1981.

La droite est au pouvoir, la droite gouverne, mai 1968 est loin.

Voilà que ce drôle de petit gros au langage volontairement irritant (« C'est l'histoire d'un mec... Vous la connaissez ? Non ? Oui ? Non, parce que si... Non, parce que des fois y a des mecs... Bon. Ah oui ! Parce que y a des mecs... Vous la connaissez[2] ? », etc., etc.) vient balancer d'étranges vérités : « Y a des histoires, c'est plus rigolo quand c'est un juif. Si on n'est pas juif[3]. » Ou encore : « Non, y a quand même moins d'étrangers que de racistes en France[4]. » Et nous, on rit ! Tout de suite. Sans trop réfléchir ; ça viendra après. Là, on croit encore que le clown en salopette n'est là que

1. « Je me marre », 1974.
2. « Sur le pont de l'Alma », 1974.
3. *Ibid.*
4. *Ibid.*

pour faire le pitre. Il invente, il crée des personnages, c'est sûr. Un type qui dit, à propos des étrangers, qu'ils ne sont pas venus chercher du travail mais du chômage en France, forcément ça n'existe pas. Seulement dans l'imagination du pitre ! Dans peu de temps, nous changerons d'avis. Nous commencerons à regarder un peu autour de nous et à en voir beaucoup qui disent à peu près la même chose, ou en tout cas qui le pensent très, très fort. Et nous ? Qui sait si, parfois…

Véritable chef-d'œuvre d'équilibre, le premier album traque la bêtise dans tous les coins. Et pas seulement là où va se nicher le racisme. Les « histoires à bide » (« […] j'ai vu le couvreur, il m'a parlé de vous » !), entre autres, lui permettent de jouer sur tous les tempos du rire et de la bêtise. « Gugusse » est terrible et de drôlerie et de tragique. Gugusse est moche, si moche que son copain, qui essaie de le rassurer à sa manière, plutôt maladroite, pendant la majeure partie du sketch, finit par lui lâcher : « Moi, je serais toi, j'essaierais le gaz ! »

Auparavant, il lui aura quand même dit ce qu'il pense de lui au-delà de son aspect physique : « […] t'es largement assez beau par rapport à ce que t'es intelligent ! Hein ? Ah ! T'as même de la marge ! »

Et puis, il y a « Le CRS arabe », un petit bijou d'introspection sur le racisme, mais surtout sur la lâcheté humaine. Le « héros » a commencé par insulter un CRS arabe entré dans un bistro. Il se sentait fort, entouré de ses copains. Et pan sur les Arabes ! Et pan sur les flics qui viennent dans les bistros : « Bravo, c'est nous qui paie ! »

Seulement, le CRS, irrité, lui a balancé son verre dans la figure, les copains ne s'en mêlent pas, le « héros » prend peur et se dégonfle lamentablement au fur et à mesure du sketch composé de son seul monologue.

Veule au-delà de l'imaginable, il s'étale comme une carpette devant celui qu'il injuriait quelques secondes plus tôt :

« Hein ? Que j'ai dit moi : les Arabes ? Euh... Ça m'étonne ! Parce que si y a bien un mec qui fait pas de différence, c'est bien moi ! »

« Hein ? Les Français sont des cons ? Ben j'suis bien placé, hein, j'suis français ! »

Clou du sketch : le « héros » finit par offrir un verre au CRS !

Coluche jouera des dizaines et des dizaines d'autres sketches, souvent formidables. Mais celui-ci reste un de ses « grands », un de ses incontournables. Comme *Amsterdam* pour Brel, *Je chante* pour Trénet ou *Les Feuilles mortes* pour Montand.

En 1975, il s'attaque pour la première fois de front à la police avec « Le flic » :

« [...] je vois, rien qu'au commissariat que je suis, y en a au moins, que je dise pas de bêtises, y en a au moins quatre qui boivent pas ! »

Avec « L'auto-stoppeur », il crée un nouveau personnage : le parasite, emmerdeur, qui ne se contente pas de vivre aux dépens des autres. Il leur gâche aussi la vie. L'auto-stoppeur en question vient d'être pris dans une voiture dont il dit carrément à son propriétaire qu'elle est « pourrie » :

« Remarquez, si i' trouvent des couillons pour payer... »

Puis il donne des leçons de débrouillardise. Lui n'a pas de voiture : « Comme ça, j'paye pas d'essence, pas d'assurance, pas d'vignette, et pourtant j'en ai fait des kilomètres ! »

Puis il demande une cigarette à son hôte, râle parce qu'elle n'est pas à son goût, se plaint que le conducteur n'avance pas assez vite, s'invite à dormir chez lui et demande que, le lendemain matin, son bienfaiteur le reconduise à 5 heures sur la route de Paris !

Comme l'autre rechigne, la sortie de l'auto-stoppeur est « géante » :

« [...] Ah ben, il est sympa lui alors ! On monte dans sa bagnole, elle est pas terrible, il nous invite à bouffer, on sait pas si on va pas se blesser en ouvrant des boîtes, il nous invite à dormir, on sait pas sur qui on tombe... si en plus on est obligés de s'taper trente bornes à pied pour sortir de la ville ! »

En 1975, il campe aussi « Le blouson noir » et « L'ancien combattant ».

Aussi violents, drôles et sulfureux l'un que l'autre, les deux sketches ne font pas tout à fait le même effet.

« Le blouson noir » passe bien. Bobby, le personnage décrit par Coluche, est un violent, un violeur, un abruti de première, mais qui fait l'admiration de son copain parce qu'il a lu des livres et en a tiré des enseignements personnels :

« Bobby i' dit toujours : "Si la société nous rejette, c'est qu'elle veut oublier que c'est elle qui nous a créés." I' dit aussi : "Le blouson noir a une fonction devant les hommes et même devant Dieu !" »

Ridiculisés, mais avec une certaine tendresse, les blousons noirs ne viennent pas se plaindre. En revanche, ça grogne, et même plus que ça, du côté des anciens combattants. Pourtant, là aussi, il y a beaucoup de tendresse. Mais certains traits, assassins, ne passent pas :

« À la guerre, on décore ceux qui r'viennent. Ceux qui sont morts, c'est ceux qu'étaient devant. Ben dame ! On peut pas être partout ! »

Le scandale est au bout du sketch. On trouve, de tous côtés que, cette fois, dans le mauvais goût, « dans la négation de toutes les valeurs », il a dépassé la dose !

Certains s'étonnent surtout de le voir à la télévision. Déjà, après « Gugusse » et la lettre de protestation d'une maman dont la petite fille est affligée d'un handicap physique, *Télé 7 jours* s'était fendu d'un commentaire délirant, dans le style : « Plus jamais ça à la télévision, c'est trop affreux !!! »

Coluche n'en continue pas moins son tour d'horizon d'une France qui lui apporte sur un plateau ses idées et ses dialogues.

« Ça me fait marrer quand on dit que les gens parlent comme moi, expliquera-t-il plus tard. C'est moi qui parle comme eux ! Je leur ai tout "piqué", je leur "pique" tout. Ils sont ma seule inspiration. »

Unique mais vaste inspiration.

Car, déjà, Coluche aurait pu adapter la célèbre formule : « Y en aura pour tout le monde ! »

En 1975, toujours, c'est un père de famille qui fait la morale à son fils :

« [...] monsieur fume du hackique avec des biknites ! [...] Aujourd'hui, c'est un petit verre qu'il te faut, mais demain, tu en fumeras tout un paquet ! Sans parler de la honte qui retombera sur ta pauvre mère. Moi ? T'occupe pas ! Je m'arrange avec la honte directement. J'ai l'habitude ! J'ai pas besoin de tes conseils ! »

Le type est lui-même un alcoolique, proche de l'épave. Court mais d'une violence inouïe, le portrait est terrifiant. Là encore, c'est le malaise qui succède aux premiers rires.

« Le schmilblick » est un triomphe. Il se situe pourtant bien loin de ce qui fait le talent de Coluche, son originalité. Le sketch est drôle, mais ça s'arrête là. Son succès énorme tient en partie à ce qu'il caricature une émission, elle-même entrée dans la légende populaire.

Avec « Le schmilblick », il bat des records de vente et acquiert la seule chose qui lui manquait : l'oreille de tous ceux auxquels son humour trop corrosif faisait peur.

Là, il les rassure. Soudain, ils peuvent se dire : « Ce n'est qu'un comique. »

Du côté de ses anciens copains, notamment ceux du Vrai chic, on ne trouve pas si drôles les sketches qui sont en train de l'aider à bâtir sa gloire.

Ils ont un goût de déjà entrevu, entendu. La plupart des remarques, des petites phrases assassines et si drôles qui en font la force, ils ont la certitude qu'elles sont nées quelques mois, quelques années plus tôt, à table, au restaurant, quand ils passaient des soirées entre eux…

Bref, Coluche les a « squattés », et aujourd'hui il s'éclate au soleil de la gloire pendant qu'eux continuent de végéter. Ils ne trouvent pas ça drôle du tout et le font savoir :

« Et celle-là, vous la connaissez… C'est l'histoire d'un mec qui vient mendigoter un quignon de pain, force votre porte, s'installe à votre table, bouffe tout le rôti, accapare la conversation et finit par vous mettre dehors… Un mec normal, quoi ! » Cette histoire, Coluche ne la raconte pas ; les petits copains, qui continuent de végéter dans les cafés-théâtres de la rive gauche, le font pour lui. Comme si son succès leur restait dans la gorge.

Des reproches, ils lui en font sur tous les plans. « Quand il travaillait en groupe, il tirait la couverture à lui, il imposait ses vues, expulsait ceux qui ne voulaient pas marcher comme il l'entendait. » Ou bien : « Il est entré dans le système, produit à la chaîne du comique de grosse consommation[1]. »

---

1. *Le Nouvel Observateur*, 17 février 1975.

Leur protestation, c'est la preuve qu'ils n'ont pas encore assimilé la fameuse « technique de l'éponge » (« je pique à tout le monde »), qui est à la base du succès de Coluche. Celui-ci ne comprend pas, très sincèrement, qu'ils puissent s'offusquer.

Il n'a jamais caché d'où il tirait ses sources d'inspiration. Régulièrement, il revient sur le thème, redit à quel point il ne prétend pas avoir inventé quoi que ce soit :

« Maintenant, on dit aux gens, tu parles comme Coluche, alors que c'est moi qui parle comme eux. J'ai tout pris au peuple. D'ailleurs, ce n'est pas moi qui deviendrai vedette, mais toute une génération. Une nouvelle forme de music-hall est en train de naître et un nouveau "comique" aussi. On m'identifie plutôt à Fernand Raynaud, mais je me sens plus proche de Raymond Devos. En fait, ce qui est très difficile, c'est d'être bon. Et j'oubliais l'art de plaire. Et là, précisément, on ne le fait pas exprès. Je regarde beaucoup les autres, mais je cherche d'abord dans ma bêtise à moi ; c'est d'abord moi qui me glisse dans la peau d'un autre. Molière a dû dire ça aussi[1]. »

En 1977, il « s'intéresse » aux sportifs. Jeu de massacre réussi.

Cons, les sportifs ? « Parce que le temps qu'ils passent à courir, ils le passent pas à se demander pourquoi ils courent. Alors après on s'étonne qu'ils soient aussi cons à l'arrivée qu'au départ ! »

Le doping ? « Eh, mettons qu'ils s'arrêtent. On aura l'air malin devant nos téléviseurs en attendant qu'ils battent des records, hein ! Et puis, le Tour de France pour arriver le 14 juillet, eh ben faudra qu'ils partent à Noël, hein ! »

---

1. *L'Aurore*, 12 septembre 1975.

L'esprit d'équipe ? « C'est des mecs qui sont une équipe, i' z'ont un esprit ! Alors, ils partagent ! »

Quand il s'attaque aux militaires, il passe, étonnamment, à côté de son sujet.

Pas assez mordant ni inspiré, son sketch ne fera jamais partie de ses réussites inoubliables. Bien sûr, il trouve quelques images drôles, mais ça s'arrête là. La télévision y passe aussi, mais, là encore, rien de grandiose.

En revanche, la même année 1977, il invente « Le clochard analphabète », mélange de tous ses personnages paumés, alcoolos et fainéants, et qui en a récupéré toutes les tares !

Utiliser en les déformant des proverbes ou expressions courantes, Coluche s'y est déjà essayé. Dans « Le blouson noir » : « [...] Jésus crie et la caravane passe... »

Dans « Le flic » : « [...] patibulaire, mais presque... »

Dans « Les militaires » : « Je vous le donne Émile... » Avec « Le clochard analphabète », c'est un véritable « best of » de la connerie et de la confusion mentale qui nous est offert.

Sur le même disque, il dresse un étonnant portrait de beaufs. Tout aussi corrosif, mais plus drôle que celui d'Yves Boisset dans *Dupont Lajoie*.

La situation est la même : la famille « Beauf » part en vacances, en voiture. Très vite, on plonge dans l'horreur complète :

« On a été malades ! Ma femme a dégobillé sur son paletot. Alors, j'vais vous dire : le poisson, quand c'est pas frais, déjà à manger c'est pas bon, hein ! Mais alors à vomir[1] ! »

L'arrivée au camping est inoubliable :

---

1. « On n'a pas eu de bol », 1977.

« Alors ça, les camps de camping, c'est un truc. J'voudrais pas m'étendre… C'est un truc qui pue, qui coûte cher, où que les gens s'y entassent par plaisir et que si, pour une raison ou pour une autre, demain c'était obligé ils gueuleraient[1] ! »

Autre genre de beauf, aussi dangereux mais bien plus méchant, celui de « Moi ça va[2] ».

D'entrée, il annonce que lui ça va et que pour ce qui est des autres, il s'en fout !

Son portrait, il le dresse lui-même, pas question de rendre service à qui que ce soit, pas d'enfant mais un chien policier, parce que « […] dans le commerce, on a toujours affaire un peu à tout le monde, alors tout ça, heu… les immigrés tout ça… », des stages à la gendarmerie du coin pour dresser le chien et puis des phrases terribles, des détonations coluchiennes qui font mal autant qu'elles font rire :

« J'entends tout le temps dire : "Ouais, le Français… c'est un gros con raciste !" D'abord ceux qui disent ça, c'est pas tous des Français ! »

Ou encore : « Moi j'suis pas raciste hein ! J'ai même des disques de Sydney Bechet ! Mais il faut quand même savoir que dans le monde il y a cinquante-huit millions de Français et y a presque trois milliards d'étrangers ! »

Et bien sûr, le sublime : « Aux zœufs jolympiques, on y va pour jouer, eux, ils viennent pour gagner. Et ils gagnent ! »

Dans « Mon papa[3] », c'est un enfant qui nous parle de son alcoolique de père, brave type, conducteur de bus et ivrogne invétéré.

---

1. *Ibid.*
2. 1977.
3. 1977.

Déjà, l'enfant a pris de « la bouteille » en regardant vivre son père :

« Moi quand j's'rai grand, je voudrais être vieux. »

Son regard est à la fois lucide et grinçant :

« Mon papa, lui, i' voudrait être chef, mais i' arrivera pas, hein ? Il picole trop, hein ? Il est marrant, hein ? Ma mère, elle dit toujours que rien qu'avec ce qu'il renverse, on pourrait ouvrir un bistro ! L'autre jour, mon papa en allant au boulot, i' tenait pas debout hé ! Son chef lui a dit : "Bé, dites donc, heureusement que vous êtres assis pour conduire le bus." »

L'année suivante, 1978, il frappe un grand coup avec « Le cancer du bras droit ».

Hypocondriaque, veule, bête, mais si proche en même temps de ce que peuvent être parfois les plus « normaux » d'entre nous, le personnage du sketch réveille nos peurs, nos angoisses en les exacerbant par le ridicule. Et le tout s'achève par une phrase inoubliable : « […] le cancer, au prix que ça coûte, on n'est même pas sûrs de mourir guéris ! »

Il touche au sublime, et dans le rire et dans la satire, quand il s'attaque, tel un tank, à la publicité[1]. Un véritable massacre à la tronçonneuse de l'humour.

Le coup des deux barils de lessive, le nouvel Omo qui lave plus blanc, la tache signalée par un nœud et, bien sûr, l'inoubliable lessive antiredéposition :

« Hein, qu'est-ce qu'elles font les autres lessives ? […] Les autres lessives, elles soulèvent la crasse qu'y a dans les fibres, elles lavent la crasse qu'y a dans les fibres et après qu'est-ce qu'elle devient la crasse propre ? Elle se redépose dans les fibres, on vous l'a dit et répété ! Tandis qu'avec Persil antiredéposition, non ! Persil antiredéposition soulève la crasse qu'est dans les fibres,

---

1. « La publicité », 1979.

elle lave la crasse qu'est dans les fibres et après elle la retient avec ses petits bras musclés tandis qu'avec le pied elle tape dans la machine : "Enlevez le linge, je retiens la crasse !" »

Après être passé par Vivagel – « [...] des poissons carrés avec les yeux dans les coins » –, il fait un long détour du côté des dragées Fuca – « [...] c'est un peu comme les bisons futés, c'est pour éliminer les bouchons [...] » – puis finit sur les lessives :

« Vous avez Calgon. C'est la lessive qui lave l'eau avant de laver le linge, pour le cas où qu'y aurait des cons qui laveraient leur linge à l'eau sale ! »

La même année, il prend pour cible les maisons vendues clé en main et les syndicats dans un sketch désopilant[1]. Mais où, là aussi, certaines phrases très drôles résonnent gravement :

Le crédit ? « [...] quand on a fini de payer, si on pouvait vendre le crédit, on se ferait plus de pognon qu'en vendant la maison hein ! »

Les maisons en préfabriqué ? « Pendant le crédit tu répares c'qui s'écroule et au bout de quinze ans les ruines sont à toi. »

Côté syndical, là aussi des trouvailles formidables :

« D'aucuns diront que le syndicalisme est à la société moderne ce que le Mercurochrome est à la jambe de bois. À ceux-là je dirai, rappelez-vous l'essentiel : le capitalisme, c'est l'exploitation de l'homme par l'homme ! Le syndicalisme, c'est le contraire ! »

Cette année 1979 est d'autant plus importante dans la carrière de Coluche qu'elle est pratiquement la dernière où il aligne un ensemble de sketches classiques... même s'il est loin d'être classique lui-même. Dans quelques mois va arriver la candidature à la présidence

---

1. « Le syndicat : le délégué. »

de la République, le temps des revues de presse… C'est un nouveau Coluche qui va naître. Peut-être plus proche de l'actualité – encore qu'il n'en ait jamais été éloigné –, plus tourmenté sans doute, de plus en plus mal dans sa peau en tout cas. Au point que tout cela va finir par lui éclater à la figure. Et le laisse blessé sérieusement. Tout près d'être brisé.

Là, il se régale encore.

Qui ne se souvient du célèbre : « Et puis j'vous f'rai remarquer que violer, c'est quand on veut pas. Moi j'voulais bien hein ! » que lance, dans « Le viol », le prévenu au président du tribunal. Il se régale aussi dans « Le Belge », concentré de l'humour coluchien, côté gentil et bon enfant.

Quand il attaque l'année 1980 et son marathon au théâtre du Gymnase à Paris avec la « Revue de presse », le ton se fait plus dur. Le rire reste, mais il est teinté de hargne : « La drogue a fait cent morts en France l'année dernière, l'alcool cinquante mille ! Choisis ton camp, camarade ! »

Et tout y passe : les hommes politiques, le pape, l'avortement, les immigrés, la police, les militaires, l'écologie. Les petites phrases qui tuent s'amoncellent. À mourir de rire ! Pour de bon…

Son écriture, la construction de ses textes s'assimilent plus désormais à un recueil de réflexions, de mots, d'histoires qu'à des sketches avec un début, un milieu et une fin. C'est le cas de « Si j'ai bien tout lu Freud », « L'étudiant », « J'm'en fous », « Les vacances », « Fâché avec tout le monde »…

En 1981, il « plonge » et son inspiration se tarit. Quelques textes par-ci par-là, mais plus grand-chose : moins de vingt entre 1982 et sa mort quatre ans plus tard. C'est vrai, il s'est tourné vers d'autres domaines.

C'est vrai aussi qu'il a vécu des années terribles, faites de souffrance, de dépression, de désespérance.

Comment ne pas entendre les accents de vérité qui se dégagent de *Mes adieux au music-hall* ?

« [...] à mes débuts, quand je suis arrivé, j'ai attendu des mois et des mois et des mois... Les gens criaient : "Aidez-le", et puis j'ai fait un disque et j'en ai vendu, à ma mère d'abord, puis deux, trois, enfin vous connaissez l'histoire...

Bien sûr, les imprésarios m'ont escroqué, mes copains m'ont piqué tout mon pognon, ma femme s'est barrée en emportant mes gosses, avec mes copains qui avaient mon pognon.

J'ai été malade ! Si, frappé en plein succès par un mal mystérieux, c'est vrai, c'était écrit dans les journaux, qu'est-ce que j'ai eu encore ? »

On est encore dans la fiction, mais sur un fil. Ce Coluche-là ne cherche plus vraiment à nous faire rire. Ce que l'homme a subi, le comique ne l'évacue pas. Et sa souffrance se retrouve dans ses mots. Il nous fera rire encore, à la radio, au cinéma quelquefois, mais – même inconsciemment – il alternera désormais.

Parce que Michel Colucci de Montrouge s'est brûlé à sa gloire. Parce qu'il a tout perdu en quelques mois. Parce que l'homme qui, ensuite, a essayé de reconstruire sur ses propres décombres est un autre. Plus fragile et plus fort à la fois. En tout cas plus émouvant.

Quand il fait découvrir à la France entière sa version personnelle du « Schmilblick », en plein été 1975, il n'a pas encore conquis un public très large.

Il y a les jeunes, les branchés, ceux qui n'ont pas froid aux oreilles, les passionnés de tout ce qui est neuf, dans le langage comme dans le spectacle…

Ça ne fait pas une majorité, loin de là, et Coluche – comme Lederman – est habité par le désir de faire la conquête des autres.

Ceux qui le trouvent vulgaire et ne veulent pas l'écouter quand il proteste : « Mais non, pas vulgaire, grossier ! »

Ceux qui trouvent qu'il salit tout. Qu'il va trop loin. Qu'il décrit une France crétine et sordide par le biais d'un humour graisseux. C'est vrai que, parfois, on pourrait s'y tromper…

Lui-même n'enrage jamais autant que lorsqu'il se trouve face à certains de ses admirateurs qui n'ont, manifestement, rien compris à son « message » :

« Bravo, qu'est-ce que tu leur as mis aux Arabes ! » lui lance-t-on parfois à la sortie d'un spectacle.

Il en mourrait presque de honte sur place !

Quand il propose à Lederman « Le schmilblick », parodie cinglante du célèbre jeu de Guy Lux, celui-ci lui demande d'attendre avant de l'inclure dans un album.

Lederman guette le moment propice.

Il veut que Coluche soit célèbre, avant de devenir populaire. Au printemps 1975, le fameux sketch est enregistré.

C'est le « carton » tout de suite !

Les ventes s'accumulent dès les premiers jours au point qu'une tournée – en première partie de Thierry Le Luron – est mise sur pied.

La France, pliée en quatre, découvre Papy Moujot et tous les personnages cocasses du sketch.

Salivant de bonheur, Coluche recrée – en plus de l'émission de Guy Lux – l'univers bêta de la radio de son enfance où « La chose », « L'homme des vœux » et la franchouillarde « famille Duraton » faisaient les belles heures de Radio Luxembourg.

Le principe du sketch reste le même que pour l'original.

Le « schmilblick », qu'est-ce que c'est ? Voilà la question. Les candidats à l'élucidation de ce palpitant mystère défilent tour à tour derrière le micro. Tous plus lamentables les uns que les autres, tous croqués en quelques mots avec un talent fou. Et puis, régulièrement, se pointe le bafouillant Papy Moujot, prototype du gâteux indécrottable, ou le vendeur d'articles de pêche qui profite de l'occasion pour se faire de la pub : « Un ver de terre s'achète chez Moulinot ! »

C'est la France entière qui couronne Coluche, cette fois.

Les critiques laissent la place aux louanges. Le temps des coups reviendra, mais, pour le moment, l'unité se fait autour de lui. Même les journaux sont d'accord pour estimer qu'il mérite des « couvertures », des « unes » et que la France entière doit connaître son histoire.

Il a souffert parce qu'on ne parlait pas assez de lui. Ou pas du tout. Désormais, on en parle beaucoup. Mais il garde quand même une blessure au cœur.

Quelle blessure ? Celle de se sentir non reconnu, mal aimé, mal compris. Il a l'intuition qu'à la moindre faute, au plus petit écart, tout redeviendra comme avant. On ne lui pardonnera rien, il en est sûr.

Ce en quoi il n'a pas tout à fait raison.

Ainsi, ses copains du Vrai chic lui pardonnent, au bout du compte, de leur avoir « emprunté » pas mal d'idées pour en faire des sketches à succès présentés comme des originaux.

« Le cancer du bras droit », « Gérard », « Le blouson noir » et quelques autres encore étaient nés dans des conversations entre tous les membres de l'équipe, des « déconnades » d'après repas. Coluche les avait écrits, améliorés, approfondis, mais comment nier qu'ils appartiennent, à l'origine, à un collectif ?

Coluche, lui, nie avec la bonne dose de mauvaise foi qui le caractérise à l'occasion. Son meilleur argument ?

« Si ce n'est pas moi qui joue ce texte et si on retire mes trouvailles personnelles, il n'aura aucun succès. Donc, il m'appartient ! »

Les autres laissent faire, encore impressionnés qu'ils sont par la carrure mentale de l'ex-chef.

Quand « Le schmilblick » triomphe, ils s'énervent pourtant : ça aussi, c'est à eux en grande partie. Et, cette fois, Coluche est même venu voir Martin Lamotte, le premier à en avoir ébauché l'idée, pour lui demander de l'aider à l'écrire.

Pourtant, il le signera seul et Martin Lamotte se contentera de deux chèques de trente mille francs. Mais pas de scandale : Coluche avait prévenu Lamotte qu'il signerait seul… L'autre était libre de refuser.

De toute évidence, ce qui gêne le plus ses potes – à lui, ils pardonnent tout –, c'est de voir qu'une partie de ce qu'il gagne va dans la poche de Paul Lederman !

Lederman, c'est l'ennemi, le symbole du show-biz, des faiseurs de fric. C'est tout ce qu'ils détestent. Ils ont tort de ne pas voir à quel point ce Lederman qu'ils accablent de leur mépris est en train de donner une vraie stature à leur copain.

Coluche, lui, l'a compris : sans Paul et malgré tout son talent, il ne serait pas devenu la moitié de ce qu'il est aujourd'hui, en cette fin d'année 1975. Cette fin d'année qui ouvre sur les années glorieuses, les succès insensés, les tournées triomphales, les one-man-shows à tout casser, les ventes de disques à n'en plus finir. L'aventure Coluche s'est envolée. Grosse machine à faire rire qui repose sur un pitre on ne peut plus sérieux dès qu'il touche à l'exercice de son métier.

Car, pour lui, tout ne s'arrête pas au moment où il sort de scène. Le matériel à ranger, les copains à aider, ça fait aussi partie de son job.

Dans *Coluche à cœur et à cris*[1], le livre qu'ils lui ont consacré, Aldo Martinez, Jean-Michel Vaguelsy et Ludovic Paris (Aldo, Jean-Mi et Ludo) – trois potes qui ont travaillé avec lui pendant des années – racontent comment Coluche avait stupéfié tout le monde au premier soir de leur première tournée, en janvier 1975.

La scène se passe au Havre où il vient de faire un triomphe :

« [...] épuisé, il regagne sa loge. Son baptême du feu provincial dépasse toutes ses espérances. Ravis, les organisateurs de la tournée ont, pour le remercier, réservé une table au restaurant du coin. Mais Michel, malgré toute son émotion, n'oublie pas son équipe :

1. Éditions n° 1, 1987.

“Pas tout de suite”, leur répond-il. Il faut d’abord que j’aide mes copains à recharger le matériel.

— Recharger le matériel ? Vous n’y pensez pas ! Après le tabac que vous venez de faire ! Vous êtes une vedette, Michel. Reposez-vous. Les autres villes ne seront peut-être pas toutes aussi faciles. »

Coluche hausse les épaules ; et la vieille habitude du café-théâtre, alors ? Il ignore encore qu’un artiste en tournée doit préserver son énergie et laisser aux autres les problèmes d’intendance.

“Je vous rejoins tout à l’heure. De toute façon, il n’y en a pas pour longtemps.” Erreur ! Les deux tonnes de matériel qui, au départ de Paris, tenaient parfaitement dans le Bedford, ne parviennent plus à s’y entasser. Pendant deux heures, Michel s’escrime avec Alain et Jean-Mi, oubliant le triomphe qu’il vient de remporter. Il reste toujours une grosse caisse ou un haut-parleur sur le trottoir. À deux heures et quart du matin, enfin, la camionnette est chargée. Suivez-moi, annonce Michel, plus frais qu’à sa sortie de scène. J’ai oublié de vous dire, mais on est invités à dîner !” À ce rythme-là, pensent les vieux routiers des galas, il ne va pas tenir longtemps ! Coluche a sa façon à lui de faire la part des choses. Le chargement d’une camionnette a autant d’importance à ses yeux que le choix de son costume, son maquillage ou l’ordre de ses sketches. Et il a de l’énergie à revendre ! Premier levé, dernier couché, d’une ponctualité obsessionnelle, il va régner sur sa troupe pendant presque six années de tournées, attentif au moindre détail, s’intéressant aux loisirs des uns et des autres, instigateur de joyeux bordels qui laisseront quelques souvenirs impérissables à certains hôteliers, tout au long des trois cent mille kilomètres parcourus pendant cette période. »

Pour tout ce qui touche au spectacle lui-même, il fait preuve de la même rigueur.

Là où on pourrait croire qu'il y a beaucoup de fantaisie, de légèreté, il y a surtout du travail, encore du travail : il travaille près de quinze heures par jour, c'est-à-dire quatre fois plus que n'importe quelle vedette !

Et il applique à la lettre, sur scène, les principes qui l'animent depuis des années.

« Un gag toutes les quatre secondes, c'est une chute. Toutes les huit secondes, c'est un effet, toutes les douze secondes… c'est un bide ! »

Chaque soir, le spectacle est différent, même pour son équipe qui connaît ses sketches par cœur. Spontanément, selon l'humeur, il les modifie régulièrement de dix à quinze pour cent ; il improvise, trouve de nouveaux jeux de mots, un nouveau ton agressif, fait participer le public, le heurte, le viole pour mieux le « gauler » selon son expression favorite. Et, s'il lui arrive exceptionnellement de ne pas changer une virgule à son spectacle, il achève deux heures de scène en s'exclamant :

« Putain, aujourd'hui j'ai rien branlé ! Pendant la publicité j'ai fait mes comptes… »

Pour donner ainsi le meilleur de lui-même pendant toutes ces années, il lui aura fallu aussi – et très vite – se trouver « une famille ».

Avec Véronique, les enfants, sa mère, sa sœur, il en possède déjà une. Il en veut une autre. Une pour la route, pour le métier.

Il va se dénicher une flopée de « secrétaires », sorte d'amis hommes à tout faire : Gérard Lanvin, arrivé en direct des Puces en sera ! Mais aussi Roland et Danny, Didier. Il y a les musiciens, tous des potes, à commencer par Xavier Thibault, le chef d'orchestre. Et Coco, l'habilleuse, qui n'est autre que la sœur de Miou-Miou. Il y a encore Alain Pellet, Doudou, Esther, Jean-Mi, dit « l'étudiant », qui était encore à l'école quand il a connu Coluche à la fin des années 1960. Il sera, selon les périodes, son éclairagiste, son chauffeur, son secrétaire, son régisseur… parfois un peu tout en même temps.

Ludo, l'homme de confiance et le grand organisateur des loisirs de Coluche, est, avant tout, un coiffeur de plateau renommé au moment où il le rencontre. Plus de soixante films tournés ! Il sera d'ailleurs de tous ceux dont Coluche est la vedette. Aldo, lui aussi, jouera les chauffeurs secrétaires et surtout les inséparables avec une bonne humeur constante.

Tous ceux-là, cette famille, « sa » famille, il en a besoin.

Ne serait-ce que parce que, dans la folie des années qui se sont ouvertes en 1975, il n'a plus le temps, ni sans doute la tête, à s'occuper de l'autre famille.

Bobino, l'Olympia, les tournées, les rôles qui se mettent en place les uns après les autres.

Paul Lederman ne veut pas s'arrêter là. Avec son associé, Claude Martinez, il met huit cent mille francs en jeu pour remettre en scène *Ginette Lacaze* à l'Élysée-Montmartre.

Cette fois, on affiche complet tous les soirs.

Puis les tournées recommencent. En France, où des milliers de personnes viennent l'acclamer chaque soir, mais aussi en Suisse ou en Belgique !

Oui, il y a suffisamment d'humour dans ces deux pays pour qu'on le trouve drôle et qu'on lui réclame des histoires suisses ou belges ! Voire même qu'on lui en raconte qu'il ne connaît pas !

Sa vie est un coup de vent, un immense éclat de rire. Il n'arrête plus de courir, de répondre – avec plus ou moins de gentillesse – aux demandes d'interviews qui arrivent maintenant par dizaines.

Il rit encore – mais c'est un ricanement – quand il constate que les « intellectuels » qui faisaient la fine bouche quand on parlait devant eux du « bouffon du siècle » se penchent sur son style, son art du comique, sa façon bien à lui de maltraiter la syntaxe et le vocabulaire.

En novembre 1978, il s'installe au théâtre du Gymnase ; il va y rester jusqu'en mars 1981 ! Une autre façon de voir les choses et de vivre son métier !

Il s'y fait. Il s'aperçoit d'ailleurs assez vite que la situation ne présente pas que des inconvénients. Plus de kilomètres à avaler, plus de problèmes techniques à résoudre chaque soir, plus de contretemps de dernière heure, plus de repérages à effectuer avant le spectacle.

Dans leur livre, *Coluche à cœur et à cris*, Aldo, Jean-Mi et Ludo racontent :

« Michel n'arrive plus qu'une heure avant le spectacle. Il se produit à 9 h 08, très exactement. (Les huit minutes étant le temps nécessaire pour que le public finisse de s'installer et se chauffe sans perdre patience.) Sur sa demande, sa loge a été transformée en un véritable appartement. Michel la considère d'ailleurs comme sa résidence secondaire : lit à peau de panthère, télévision, douche, murs tapissés de velours rouge (et recouverts de télégrammes de félicitations), lumières sur variateur…

Au Gymnase, il a trouvé le remède au trac qui l'habite durant les minutes précédant son entrée en scène : presque chaque soir, c'est le défilé des copines. Un petit "câlin" et Michel se sent tout à fait d'attaque pour monter sur scène : C'est fou ce qu'on se sent mieux la tête vide !"

Tandis que Jean-Mi supervise désormais la régie, Aldo occupe la fonction de directeur du Gymnase pour le compte de Paul Lederman dont il est le secrétaire.

Entre 8 h 30 et 9 heures, leur fonction principale consiste à faire le guet devant la loge de Michel afin de lui éviter toute visite impromptue et désagréable…

Chaque soir, plus de huit cents spectateurs assistent au triomphe de Coluche, et il faut réserver ses places des semaines à l'avance : on vend les marches ! Un "triomphe" que Michel met en scène d'une manière magistrale, au risque de casser son final. À la fin du spectacle, classique salve d'applaudissements que Coluche interrompt. On se calme ! On se calme ! Attention, j'ai les noms… Vous vous rendez compte de ce que vous êtes en train de faire là ?" Les gens se taisent, médusés. "Là, vous êtes en train de faire un succès. Moi, je vais vous montrer comment on fait un triomphe."

Il leur explique alors sa mise en scène : il va retourner en coulisse, tandis que la musique ira crescendo. Les applaudissements devront suivre en mesure, de plus en plus vite, de plus en plus fort. Alors, il réapparaîtra enfin. Le public, ravi et complice, applaudit à tout rompre. Mais Coluche les interrompt de nouveau. "Ouais, là, c'est pas mal. Mais on peut faire mieux. Il paraît qu'il y a des fois où les gens applaudissent l'artiste debout. C'est plus rare, mais je l'ai vu. Oui, oui, je l'ai vu."

Et il retourne en coulisse. Même scénario, sauf qu'à son apparition, tout le monde se lève.

"Eh bien, voilà ! Dès demain, vous pourrez dire : hier, j'ai assisté à un spectacle où les gens applaudissaient debout. Vous auriez pu voir un succès. Pour le même prix, vous avez eu un triomphe. Salut !" »

Quand il n'est pas sur scène, il est presque exclusivement dans la grande maison de la rue Gazan, tout près du parc Montsouris. Une maison qui, à partir de 1978, devient un refuge.

Il n'aime plus sortir, aller dans les restaurants, les boîtes de nuit, les bars, tous ces endroits où il a adoré traîner pendant des années. Il faut dire qu'il est devenu – stress, fatigue, soucis nouveaux – très irritable, querelleur, souvent agressif.

Rares sont les sorties qui ne se terminent pas par une bagarre, un accrochage.

Coléreux, querelleur et provocateur, il l'a toujours été plus ou moins. Devenu une vedette, il ne supporte pas le regard des autres dans la rue, surtout quand il y lit – ou croit y lire – de l'ironie, voire de l'hostilité.

Dans ce cas, autant rester chez soi. C'est ce qu'il fait désormais, ne sortant plus que pour des virées infernales à moto ou un dîner chez ses potes des Bains Douches.

Sa maison, il a voulu qu'elle soit séparée en deux parties. Au premier étage, son appartement privé et celui de Véronique. L'étage au-dessus est celui des enfants. Le reste de la maison appartient à tout le monde !

Tout le monde, c'est les potes qui peuvent débarquer à n'importe quelle heure du jour ou de la nuit, peu importe. C'est encore les copains qui viennent passer la soirée, manger un morceau, refaire le monde, regarder une vidéo avec Coluche.

Par moments, la « maison d'amour » – c'est ce qu'elle est avant tout – ressemble à un vaste complexe de loisirs.

Au rez-de-chaussée, on trouve une pièce immense transformée en véritable bistro, avec flippers, juke-box et toutes sortes de gadgets. C'est la cantine, dit le maître de maison.

Il y a aussi un studio d'enregistrement, pour les copains *musicos* qui n'ont pas le sou et seraient bien en mal d'aller répéter ailleurs. Et puis, un peu partout, de quoi jouer : machines à sous, baby-foot, billard, table de ping-pong… il y a même une piscine couverte !

« Dans ma maison, chacun a son rond de serviette », dit-il souvent. Et ce n'est pas qu'une formule. À l'entrée de la maison sont accrochés de nombreux ronds de serviette.

Souvent, Coluche cuisine lui-même pour la vingtaine de copains qui vient faire la fête, passé minuit ! De grandes omelettes, des pâtes…

On discutaille sur les coussins, un peu partout, on dit des conneries (« Surtout jamais rien de sérieux ici ! » a intimé définitivement le maître de maison), on rigole, on s'endort quand on est trop fatigué.

Véronique, parfaite, reçoit tout le monde avec la même gentillesse, le même tact. Elle sait souvent mettre à l'aise les invités qui pourraient être gênés par l'attitude de leur hôte.

C'est que, parfois, Coluche s'enferme dans un silence et une solitude déroutants pour les autres. Comme s'il ne voulait pas les voir, pas les entendre. Comme s'ils le dérangeaient ! Il a tout fait pour qu'ils soient là et voilà que, soudain, il les boude.

Ce n'est rien d'autre, dans ces moments-là, que sa propre gêne qu'il communique – une profonde timidité venue de l'enfance qui resurgit par intermittence, une difficulté insurmontable à vivre un bonheur.

Le bonheur, il s'en donne, c'est certain, quand il réussit à inviter chez lui – parfois en même temps – des vedettes qui ont été ses idoles et sont devenues des copains : Johnny, Eddy Mitchell, Gainsbourg, Dutronc. À l'occasion, il les « confronte » avec ses amis de toujours, de par-delà les ruptures, les fâcheries et les rancunes : ceux du café-théâtre. Ceux-là ont leur jour, ou plutôt leur soir : le dimanche. Balasko, Bouteille, Martin Lamotte, Michel Blanc, Jugnot, Renaud, bien sûr, qui « éclate » dans la chanson et dont Coluche est fier comme s'il était son fils.

Les uns sont des habitués et se plient plus ou moins allègrement aux volontés de Coluche. Car celui-ci, même chez lui, même en état de détente, veut tout régenter.

Quand il dit : « Maintenant, on joue au Monopoly », ou : « On va faire un tournoi de ping-pong », ou encore : « On se refait une plâtrée de spaghettis », il est assez difficile, pour ne pas dire impossible, de refuser. Ou seulement de contester. Quelques autres, comme Bouteille, ne supportent pas plus qu'avant cette forme affichée d'autoritarisme… et espacent leurs visites.

Coluche s'en aperçoit-il vraiment ? Pas sûr.

L'essentiel, c'est qu'il ait du monde, beaucoup de monde autour de lui. Qu'il se recrée – comme en tournée – une famille, énorme, chaleureuse, aimante et la sente vivre autour de lui.

Il ne sait pas, il ne sent pas qu'au même moment il est en train de laisser passer l'essentiel.

Ses deux gosses qui dorment, là-haut, indifférents à l'autre « famille » en bas. Sa femme qui ne dit rien, ne se plaint pas, reste toujours souriante, aimable et disponible, mais à laquelle la situation commence à peser.

Comment un homme aimé peut-il être aussi absent en étant aussi présent ?

Si Véronique se pose la question, elle doit avoir, alors, bien du mal à y répondre.

Coluche ne se la pose pas, lui. Il mélange tout, à commencer par le faux et le vrai.

Il dit, tendre et si sincère : « Les mioches et Véronique, c'est sacré », mais il reconnaîtra bien plus tard : « Durant toutes ces années, je n'ai pas dû dîner plus de deux fois, chez moi, en tête à tête avec ma femme… »

Gérard Depardieu, qui était fait pour le comprendre et pour l'aimer, n'acceptera jamais de rentrer dans l'univers, faussé selon lui, de la rue Gazan. Le mal qui va ronger Coluche, il l'avait appréhendé avec une intelligence extraordinaire :

« Je suis solitaire, j'ai deux, trois amis, j'aime pas le milieu des acteurs, leur cinéma, ça me gonfle ou je m'en fous, je ne les critique pas, mais je n'aime pas les fausses familles. Lui, c'était le contraire, il en avait besoin [...]. Mais je trouvais ça très fatigant pour lui. Moi, je peux très bien jouer l'inertie, mais sa vie a dû être exténuante. »

Comment ne pas penser comme Depardieu, ne pas éprouver un malaise devant cette « maison d'amour », « maison de jeux » où l'amour n'est pas forcément celui dont on rêve. Où le jeu n'engendre pas souvent la joie.

La maison de ses rêves va devenir sa prison et, d'une certaine façon, son enfer. Elle est aussi, mais on ne le verra que plus tard, le symbole d'un mal de vivre qui explosera à la face de tous en pleine campagne présidentielle de 1981.

Jamais, alors, la désespérance de Coluche ne sera aussi forte, aussi visible, aussi poignante. Celui qui avait tout obtenu à force de travail et grâce à son talent va tout perdre en un tourbillon destructeur.

Le détonateur ? Cette candidature à la présidence, la plus provocante de toutes ses provocations.

Depuis si longtemps, il vit avec la provocation au bout du cœur. Il vit de la provocation. Il vit pour la provocation.

Il fallait qu'il en meure une première fois.

LA GUEULE OUVERTE

Le malheur, c'est une suite de portes.

Roger Nimier

Si j'ai tendance à ouvrir ma gueule un peu trop fort, ça tient à ce que, jusqu'à vingt ans, j'ai cru que je m'appelais silence.

Coluche

Comme s'il était né pour ça : provoquer. Il est de la race des Gainsbourg, de ceux qui ne commencent à respirer et à s'amuser que lorsqu'ils sont déjà allés bien trop loin.

D'ailleurs, pour lui, trop loin n'existe pas. Ni trop dur. Ni trop fort. Coluche a ceci de plus que Gainsbourg : dans ses provocations, il y a souvent une violence déroutante. Il règle des comptes et pas seulement avec lui-même.

Quand il est engagé à la télévision et s'en prend tous les soirs à Marcelin, alors ministre de l'Intérieur, jusqu'à ce qu'on le vire. Quand il agresse des types dans la rue, dans les bars, dans les restaurants, pour que cela se termine en bagarre. Quand il pousse ses meilleurs potes à bout (souvenons-nous du Café de la Gare) jusqu'au moment où ils ne le supportent plus.

Au printemps 1978, il est engagé par Europe 1 pour animer, tous les jours entre 15 h 30 et 17 heures, une émission – en principe – de radio ! Le premier jour, inaudible, incompréhensible, il multiplie – et tous ceux qui travaillent avec lui de même – toutes les erreurs possibles. Ils parlent tous en même temps, laissent des blancs, racontent n'importe quoi et croient le micro fermé alors qu'il est grand ouvert...

Après l'émission, René Cleitman, directeur des programmes d'Europe 1, lui demande d'écouter la bande. Coluche l'emporte chez lui et comprend en quelques minutes !

Dès le lendemain, il sait faire de la radio : il s'est trouvé une méthode et forgé une expérience en une nuit. Et il va faire de la radio comme personne avant lui.

À chaque seconde, il cogne sur quelqu'un ou quelque chose : le gouvernement, la presse et ceux qui y participent, les artistes qu'il ne porte pas dans son cœur, les annonceurs.

Robert Willard et Gérard Lanvin, qui lui servent d'acolytes, s'en donnent eux aussi à cœur joie. Notamment quand il s'agit de lire des messages publicitaires. Magazines populaires, fabricants de yaourts ou autres, tout le monde en prend plein la figure.

Les messages sont déformés, moqués, lus de façon grotesque et commentés avec dérision. Évidemment, les annonceurs protestent : ils ne payent pas pour qu'on se moque d'eux. Ou pour qu'on les dénigre.

Ainsi, la ville de Vichy qui s'offre une pub pour vanter ses installations de remise en forme :

« Je suis allé à Vichy quatre fois pour rien », assure Coluche à ses auditeurs.

Après un mois et demi de ce régime infernal, « On n'est pas là pour se faire engueuler » – c'est le titre de l'émission – a dépassé Philippe Bouvard, son rival de RTL.

Coluche fait un triomphe, mais Europe 1 s'inquiète. Trop de protestations, trop de mouvements hostiles autour de lui.

Comme d'autres avant eux, les patrons d'Europe comprennent que ce type au talent si évident est dangereux parce qu'il est incontrôlable. On lui demande de cesser de s'acharner sur les militaires et l'Église catholique ? Il en remet une couche.

Les hommes politiques ? C'est pire ! Lecanuet est surnommé « Le pauv'canuche », Chirac est traité de faux-cul !

Comme avec ses copains du café-théâtre, comme avec Lederman, il cherche à voir jusqu'où il peut aller trop loin.

Mieux : alors qu'on ne le menace pas encore, il lance l'idée qu'Europe 1 en a assez de lui. Qu'on ne va pas tarder à le virer.

Notamment lorsqu'en septembre 1978 il tourne en ridicule l'émotion des catholiques du monde entier après la mort subite du pape Jean-Paul Ier. Europe 1 lui avait fait savoir qu'il valait mieux s'abstenir d'ironiser sur l'événement. Avec une étonnante rapidité, il tourne la difficulté en jouant sur un autre événement, la mort du journal *Pilote*.

C'est la disparition de *Pilote* qu'il commente dans son émission. Mais tout le monde comprend dès qu'il attaque :

« Aujourd'hui n'est pas un jour comme les autres. En effet, ce matin, alors que le monde entier était encore couché [...], les téléscripteurs, crépitant de partout, annonçaient cette nouvelle qui allait bouleverser le monde entier : *E morto, il piloté* ! Le journal *Pilote* n'est plus [...], beaucoup de gens aimaient son sourire lumineux qui restera gravé dans le souvenir de chacun […]. Nous avons les premières réactions des grands de ce monde, celle de Jacques Chirac qui s'associe au deuil. M. Mitterrand exprime sa stupeur et sa tristesse devant l'événement qui vient de frapper ce journal tant aimé des jeunes. Attendez ! Nous avons en ligne le révérend père Gébé. Bonjour mon père, ici Coluche, l'ancien comédien, un futur ancien d'Europe 1 : quelles sont les réactions que vous pouvez avoir à chaud […] ? »

Et puis, pour finir, parce qu'il ne tient plus et qu'il faut que ça sorte malgré tout, il libère les vannes :

« Le pape est mort ! Ah ! Merde ! Et vous me l'avez pas dit ? Il était tout neuf, celui-là. D'où i' sort ? Il est déjà mort ? Faut pas y aller, à Rome, ça pue le sapin sec, là-bas ! Alors, ça y est, les sept cents millions de catholiques ont perdu leur chef de file ? […] Ça va pour le standard ? C'est les catholiques qui téléphonent ? Hé ! Oui, mesdames, messieurs, c'est pas drôle ! C'est bien pour ça qu'on se dépêche d'en rire ! »

Le message est clair. Surtout quand il se définit comme un « futur ancien d'Europe 1 ».

« Virez-moi ! » lance-t-il à ses patrons. Ils n'en font rien. Parce que Lederman a volé à son secours, plaidant avec talent que l'épisode du pape restera dans l'anthologie de la radio. Parce que l'audience a fait un bond. Parce que son heure n'est pas venue.

Trois mois plus tard, on ampute pourtant « On n'est pas là pour se faire engueuler » : plus d'émission en semaine, seulement le dimanche matin.

C'est le début de la fin.

Sortie de ses rails, délestée de son tempo idéal, l'émission perd ses marques. Elle manque de rythme désormais.

De janvier à juin 1979, Coluche tente de ne pas s'enliser dans cette étrange routine. Il essaie de se dire que, ma foi, Europe 1 tous les jours, plus le Gymnase tous les soirs, ça faisait beaucoup.

Mais il a perdu sa joie, et ça se ressent dans tous les domaines.

Les jeux idiots qu'il propose, les mauvaises blagues qu'il raconte comme pour ventiler son propre ennui amusent moins. De temps en temps, il semble se réveiller. Quand il lance dans son micro : « Les veuves de guerre utilisent leur pension pour entretenir des gigolos », les associations d'anciens combattants protestent et Europe 1 tient le prétexte attendu.

Il est viré et s'en va dans un calme pesant, le 24 juin 1979.

À RMC, où il tente une nouvelle expérience, à partir du 21 janvier 1980, il est remercié au bout de douze jours ! Les auditeurs, outrés, ont protesté par centaines !

Pourtant, il avait respecté les consignes données par Michel Bassi, directeur général, au moment de son engagement : « Nous lui avions expliqué qu'il n'y avait que deux interdictions : ne pas parler de Dieu, puisque le catholicisme est religion d'État à Monaco, ni de la famille princière. »

À aucun moment, il n'évoque l'un ou l'autre.

Mais quand il parle de ses seins à l'animatrice qu'il a en face de lui, ça fait désordre !

Le ministre d'État téléphone, Michel Bassi s'incline : *exit* Coluche.

Ce qui est intéressant dans ses divers passages à la radio – il reviendra à Europe 1 en 1985 –, c'est qu'il y trouve l'occasion d'épanouir professionnellement son sens de la provoc. De libérer toute l'agressivité, toute la violence intellectuelle qui bouillonnent en lui.

Et quand il ne fait pas de radio ? Le pire est à craindre…

Le 10 avril 1979, le tribunal correctionnel de Paris le condamne à trois mille francs d'amende pour outrage à agent. Arrêté après avoir brûlé un feu rouge, il avait simplement traité de « salauds, enculés, bande de cons » des policiers dans l'exercice de leur fonction !

Passons sur le nombre de fois où, arrêté pour défaut de port du casque ou pour avoir commis une infraction au code de la route et non content de s'en tirer sans dommage – souvent, les agents, l'ayant reconnu, le laissaient filer –, il balance un : « Salut, connard, va te faire voir ! »... histoire de remercier !

Le 28 février 1985, il accueille à coups de « espèce d'enculé, tas de merde » le policier venu le réveiller à 8 heures du matin pour lui demander de déplacer sa Cadillac qui gêne la circulation ! Il est traduit en justice quelques mois plus tard, ne vient pas et écope de deux mois de prison ferme.

En prime, on lui répète que le procureur l'a qualifié de « La Bruyère des vespasiennes » !

Fou furieux, il fait appel et en profite pour faire une déclaration : « Je me tape de tout ça [...]. Les flics sont tous des enculés [...]. La police est un ramassis de gens d'extrême droite. Normal, ils ont été recrutés par la droite au pouvoir pour leurs qualités d'extrême droite[1]. »

Le 19 septembre 1985, il passe en appel. Cette fois, il est là, calme, presque serein et repentant. Il va même jusqu'à présenter des excuses au gardien de la paix qu'il avait insulté ! Que celui-ci refuse. Toujours est-il que Coluche est condamné à soixante heures de travail d'intérêt général qu'il accepte d'effectuer de bonne grâce.

1. Éditions n° 1, 1987.

En quittant le tribunal, il ne peut quand même s'empêcher de lancer :

« Je ne suis pas sûr de ne pas recommencer ! »

Plus tard, en pleine « campagne électorale », il se régalera d'une nouvelle formule qu'il est tout heureux d'avoir trouvée :

« En mai 1968, j'étais pour le rapprochement entre les pavés et la gueule des flics. Ces gens-là ont besoin d'air, il ne faut pas hésiter à leur ouvrir la bouche. »

Il n'existe pas un flic au monde qui trouve grâce à ses yeux.

En Tunisie, pendant le tournage du film de Jean Yanne, *Deux heures moins le quart avant Jésus-Christ*, il est arrêté pour excès de vitesse sur une route du bord de mer. Comme à son habitude, il insulte les motards et se retrouve dans un poste de police tunisien !

Il faut l'intervention d'un haut fonctionnaire pour obtenir – difficilement – sa remise en liberté.

Provocation ou haine viscérale ? Même à l'entrée de son domicile, on peut lire ce qu'il pense des policiers. À son portail est en effet accrochée une pancarte : « Association contre la police » !

Mais attention, il n'y en a pas que pour les flics !

Il l'a montré à la radio : son sens de la provocation peut frapper tout le monde, à tout moment… avec une légère préférence pour ce qui est institutionnel, social, moral…

Il lâche ses injures comme on tend une carte de visite.

Tantôt, il s'en prend à une religieuse sur un trottoir, tantôt il reçoit un journaliste chez lui et ôte les morves de son nez pendant toute la durée de l'interview !

Parfois, ce sont des notes d'hôtel qu'il refuse de payer parce qu'il estime que l'hôtelier a voulu l'escroquer. D'autres fois, sur un coup de colère, il laisse pour dix mille francs de dégâts chez un commerçant.

Certaines provocs sont plus drôles, moins violentes et, finalement, plus audacieuses.

Dans leur *Coluche à cœur et à cris*[1], Aldo, Jean-Mi et Ludo racontent ce qui s'est passé un soir de campagne présidentielle :

« La présence des flics devant sa porte ne le gêne pas le moins du monde. Un soir, Michel revient du marché. Il gare sa voiture devant la porte de sa maison, rue Gazan. Les deux policiers le saluent et échangent quelques politesses avec lui : "Tenez, leur dit Michel en leur tendant deux paquets. Vous pouvez me garder ça, il faut que j'aille ranger ma caisse un peu plus loin." Serviable, l'un des deux flics tend la main. Michel décharge d'autres paquets, gare tranquillement son véhicule en bas de la rue, et revient en sifflotant. "Merci", dit-il au policier en reprenant les deux grosses enveloppes marron que l'autre tient par la ficelle. L'agent n'a aucune raison de penser qu'il vient de porter, pendant plusieurs minutes, quelques centaines de grammes d'herbe représentant la provision du mois pour Coluche et ses potes. "De rien, monsieur Coluche, à votre service !" »

Même après sa dépression et les années noires mal vécues, entre 1981 et 1984, il restera en permanence à l'affût d'une provocation.

Il le sera même avec encore plus d'acuité et de virulence. Entre-temps, il a « dégusté », connu la solitude de ceux qui n'ont plus rien à perdre. Qu'est-ce qui pourrait l'arrêter ?

Certainement pas le fait d'être honoré et reçu par un ministre grâce aux Restos du cœur !

Quelques mois avant sa mort, Henri Nallet, alors ministre de l'Agriculture, l'invite à déjeuner. Coluche

---

1. *Op. cit.*

fait son entrée au ministère en lançant son célèbre « salut, bande d'enfoirés ».

Passe encore...

À table, les choses se gâtent quand, au bout de dix minutes, il sort un pétard énorme et commence à le fumer !

À la troisième bouffée, une odeur de « hakique » commence à planer dans la salle à manger. Le joint s'éteint, Coluche le rallume tout en continuant de converser avec le ministre qui feint de ne rien voir, de ne rien sentir.

Alors, Coluche va encore un peu plus loin dans la provocation : il sort un morceau de hachisch, le pose sur la table et commence à se rouler un autre joint.

Un peu plus tard, après avoir quitté le ministère, il glissera, avec un petit sourire :

« Au moins, voilà un ministre qui sait recevoir. »

Peu de temps avant, c'est Yves Mourousi et sa fiancée Véronique qui avaient fait les frais de l'humour coluchien.

Associé cette fois à Thierry Le Luron, il avait « monté » en quelques jours une parodie du mariage d'Yves et Véronique présenté depuis plusieurs mois comme le mariage de l'année.

Le 27 septembre 1985, le présentateur des actualités de TF1 devait épouser en grande pompe Véronique d'Alançon à Nîmes.

Le 25 septembre, Coluche et Le Luron célèbrent le leur à Paris. Et pas dans la demi-mesure !

Ils ont décidé de faire les choses en grand, à l'image de leurs modèles, mais avec le rire en plus...

Leur mariage-tarte à la crème, que seuls deux bouffons de leur style pouvaient improviser, attire des centaines de « curieux » tout au long de leur parcours.

Ils voulaient se faire remarquer ? C'est gagné ! Les automobilistes parisiens en savent quelque chose : pendant plus de trois heures, la circulation de la capitale va être bloquée !

Tout commence à 11 heures sur la place du Tertre. Le maire de la commune libre de Montmartre, M. Jehan Mousnier (rien à voir avec le vrai maire de l'arrondissement), attend les jeunes époux dans le caveau de Chez Plumeau.

Soudain, sur les accents solennels d'une marche nuptiale, Mlle Coluche arrive au bras de son futur époux. Les joues rosies – moins par l'émotion que par l'excès de maquillage –, les lèvres plâtrées d'un rouge criard, les yeux abondamment peints de fard violet, les cheveux blond platine, la « jeune épousée » présente tous les signes extérieurs de la féminité. Enfin presque... ! Car malgré les efforts de la caricaturiste Poucette, qui a créé sa robe, elle arrive mal à dissimuler sa virile bedaine et ses jambes velues...

Quant à Thierry Le Luron, moins exubérant que sa dulcinée, il tient son rôle avec une réserve et une gravité... parfaitement feintes ! Recueilli et presque ému, il porte la jaquette et le chapeau haut de forme avec élégance.

Les témoins des époux ne sont pas en reste : Eddie Barclay, déguisé en femme, est affublé d'une perruque platine et d'une étincelante robe en lamé. Cathy, son épouse, elle, est travestie... en homme ! Et si Yves Mourousi a souhaité pour ses noces la présence du grand ténor Placido Domingo, Coluche et Thierry peuvent s'enorgueillir d'être célébrés par la belle voix de Georges Guétary qui leur chante « Cet anneau d'or ».

Après le « oui » et l'échange des alliances, les mariés traversent Paris pour se rendre au célèbre restaurant le Fouquet's sur les Champs-Élysées.

Sur leur passage, une foule déchaînée, riant aux éclats, se masse pour les acclamer. On voit même une femme, la tête pleine de bigoudis, quitter le fauteuil d'un salon de coiffure pour suivre la fête !

Il n'empêche ! Cette bouffonnerie n'est pas du goût de tous. Trop d'outrances, de vulgarité. Une impression qui se confirme quand, par la grâce des haut-parleurs, les badauds massés devant le Fouquet's entendent le discours de Thierry Le Luron :

« Mon amour et moi, nous avons fait un mariage bidon, mais nous le disons, nous... », attaque l'imitateur. Le reste est à l'avenant...

Personne ne manque de remarquer que Thierry Le Luron a le visage et les lèvres couverts de rouge. Sa « jeune épouse » ne peut s'empêcher de lui manifester son amour à grand renfort de baisers ventouses !

Tout comme Mourousi a assumé son émission sur RMC le jour même de son mariage civil, Coluche, après avoir découpé l'énorme pièce montée portant l'inscription « Le mariage du millénaire », part animer la sienne sur Europe 1.

En calèche et, bien sûr, en compagnie de son « époux ».

« Nous voulons des enfants et si c'est une fille, nous l'appellerons Yves », annonce Thierry à plusieurs reprises !

Quant à Coluche, un moment calmé, il redémarre en trombe quand une auditrice lui lance un défi auquel il ne peut, évidemment, pas se dérober : il entame un incroyable strip-tease dans les studios d'Europe 1 !

Juché sur la table du studio, il ôte lentement ses vêtements, dévoilant quelques tatouages et un panty de dentelle... blanche !

Visiblement, l'effeuilleuse ne tient pas à s'arrêter en si bon chemin. Mais les badauds amassés devant les vitres du studio ont évité le pire grâce à l'intervention opportune de sa complice Maryse, qui insiste : « Arrêtons là si tu veux bien ! » Enfin, pour finir la fête en beauté, la jarretière de la mariée – tradition oblige – est mise aux enchères. On se chamaille presque pour l'emporter. Mais, finalement, c'est Eddie Barclay qui, pour la coquette somme de mille francs, a la joie de l'acheter, mais aussi le doux plaisir de l'ôter de la jambe « musclée » de la jeune épousée.

À 18 heures, tout le monde file vers Canal+ où le « couple » est reçu par Michel Denisot. Nouveaux baisers en direct.

« Et en plus, il met la langue ! », se plaint Thierry Le Luron qui craint sans doute de ne pas arriver entier au théâtre du Gymnase où il donne un spectacle chaque soir.

Le lendemain, tout le monde ne rit pas, le mariage-parodie provoque des grincements de dents.

Coluche s'en fout ! Il n'est plus à cela près, lui qui vient de se mettre les anciens combattants à dos, après les flics, les veuves de guerre, les annonceurs publicitaires, les militaires, les hommes politiques...

À l'émission de Patrick Sabatier, « Le jeu de la vérité » (il y est tellement brillant que Sabatier le recevra deux fois), devant des millions de téléspectateurs, il a assuré : « Les anciens combattants sont des nostalgiques, et leurs associations, leurs réunions devant les monuments aux morts sont une véritable publicité pour la guerre... »

Dans les minutes qui suivent, le standard de TF1 sature sous les appels furieux. Dès le lendemain, Jean Laurain, secrétaire d'État aux Anciens Combattants, demande un droit de réponse :

« Je suis profondément choqué. Coluche ne respecte donc rien. »

Sans doute… Et même pas ceux qui l'honorent, ceux qui le couvrent de lauriers, ceux qui l'ont aidé à renaître. Comme si c'était juste une question d'équilibre : mordre la main qu'on vous tend pour rester clair avec soi-même…

Ainsi, quand il reçoit le césar du meilleur acteur pour son rôle dans *Tchao Pantin*, Jack Lang, ministre de la Culture, est là et le Tout-Cinéma, qui se réjouit de son succès.

Quand il commence son discours, les visages s'allongent :

« On m'a dit que pour réussir dans le cinéma, il fallait coucher avec le metteur en scène. J'ai bien essayé mais, enfin, ceux qui voulaient, ce n'étaient pas les meilleurs. »

Dans la salle, le public est partagé… certains applaudissent, d'autres sourient poliment.

Coluche poursuit :

« Faites attention aux ministres, c'est ce qu'il y a de plus important ici : le ministre de la Culture et le ministre du Temps perdu qui a plein de fric. »

Cette fois, on toussote, on échange des regards gênés. Il n'y a plus grand monde pour rire.

Dans le smoking qu'il a enfilé il y a quelques minutes, histoire de bien montrer que les résultats sont connus à l'avance, il apparaît digne, féroce, en overdose de provoc.

Dans ses mains, le césar. Dans sa tête, un trop-plein de phrases qui se bousculent. D'injustices qu'il veut dénoncer :

« Je me croyais franchement à l'abri, vu que je faisais du cinéma qu'on ne récompense pas, mais qui fait des entrées quand même [...]. Le cinéma français vit surtout des succès populaires que font des gens genre Belmondo, et récompense surtout ceux qui font pleurer, dans le genre que je ne nommerai pas. »

La tension monte dans la salle. Nerveux mais sûr de lui, Coluche sent que beaucoup craignent la suite. Et ils n'ont pas tort. C'est au ministre qu'il s'adresse :

« Si vous pouviez lâcher la grappe à la censure et au cinéma porno qui font largement avancer les mœurs dans un domaine assez concret et assez caché au cinéma... Un dernier mot... Si ça pouvait s'arranger pour que des jeunes qui n'ont pas de combines puissent faire du cinéma quand même... Parce que, hein, c'est combine, quand même, le cinéma ! »

Jack Nicholson, invité d'honneur de la soirée, en reste tout ébahi : « Coluche *funny, very funny* », répète-t-il en coulisses où il se trouve à ce moment-là. Mais le clown n'est pas au bout de sa provoc.

Il fait une fausse sortie, revient en jean et blouson, lunettes noires sur le nez, redonne vie au personnage mythique de Boby Bouillon.

Xavier Thibaut et les musiciens du Grand Orchestre du Splendid l'attendent sur scène. Tout était prêt, convenu... Peut-être pas le malaise qu'il pousse à son paroxysme quand il entame, en le ponctuant de cris déchirants, mi-rire mi-larmes :

Non, non, non, non...
Non, laissez-moi seul !
Non, non, non, non...
Je veux rester dans le noir !

Cette fois, la salle est pétrifiée. Il les tient ! Il les glace, les culpabilise, les gêne affreusement et, en même temps, il maîtrise le tout avec une force, une jouissance qui prouvent à quel point il est redevenu lui-même. Et plus encore !

Comme assommées, ses victimes ne bougent plus, ne respirent plus, ne manifestent plus aucune émotion. Alors, il s'arrête de chanter et leur parle :

« Eh ! Réveillez les morts ! Bousculez vos voisins, y en a peut-être qui dorment seulement ! »

Puis il reprend son chant désespéré, déchirant et l'achève *a cappella* :

Je ne veux pas voir la lumière
Je veux chevaucher une dernière fois
Mon cheval d'acier vers la mort
Je veux monter là-haut, tout là-haut
Sur la colline de mon malheur
Et me jeter dans le précipice
De mon destin.

Grandiose !

En mars 1985, il est de nouveau présent pour la remise des césars. Cette fois, c'est lui qui doit remettre le césar du meilleur acteur. Alain Delon est couronné pour *Notre histoire*, de Bertrand Blier. Mais il est absent. Trop beau pour Coluche qui trouve dans cette absence surprenante l'occasion de s'en payer une tranche :

« Alain Delon n'est pas là, mais il a envoyé un petit mot d'excuses… "Je suis à Lausanne, mais je rentre bientôt, car je compte voter socialiste pour les cantonales. Prière de m'apporter en Suisse le césar et la petite valise noire qui contient mon argent." »

Dans la salle, on apprécie diversement… Quelques jours plus tard, comme on lui reproche ses agressions contre le cinéma qui lui a tendu les bras, il réplique :

« Le cinéma, c'est un métier de fainéant et ça rapporte un maximum de fric. »

La provocation, encore et toujours.

Encore qu'il n'égalisera jamais sa « grosse provoc » de 1980-1981, quand, se présentant comme candidat à la présidence de la République, il avait, dans l'audace et la démesure, atteint des sommets !

BAVURES

Chacune de nos vies inassouvie, vois-tu, pend flasque, rapiécée, décousue. Nous n'avons eu ni soupirs profonds, ni rires libres, ni faims, festins, désespoirs – ni bonheur.

Robert Browning

Le jeudi 30 octobre 1980, dans l'après-midi, il convoque la presse au théâtre du Gymnase. Il a quelque chose de pas banal à lui annoncer… Les journalistes sont venus nombreux. Ils ont hâte de savoir. Qu'a-t-il bien pu encore inventer ?

Face aux cameramen, aux photographes, il est assis sur une simple chaise. Devant lui, une table ronde. En plus de la salopette à rayures, il porte une veste pied-de-poule noir et jaune et un foulard bariolé.

Enfin, il annonce la grande nouvelle. À sa façon, mais le message est clair :

« Avant moi, la France était coupée en deux. Avec moi, elle sera pliée en quatre… »

Michel Colucci est candidat à la présidence de la République française !

Sans s'attarder sur l'effet provoqué, il enchaîne en évoquant les grandes lignes de son programme :

« Foutre le bordel ! »

Ses électeurs ? Il va aller les chercher chez les abstentionnistes les plus endurcis :

« Les pédés, les drogués, les crasseux, les chevelus, les sans-idéal. Et la liste n'est pas exhaustive. Je veux être le candidat des minorités. Et les minorités ajoutées les unes aux autres, ça fait quoi ? Je vous le donne en mille, Émile. Ça fait la majorité. Na ! »

Il est en pleine forme. Excité mais lucide :

« Je sais qu'il faut cinq cents signatures d'élus pour que ma candidature soit acceptée. Et vous vous posez tous la question. Les aura, les aura pas ? Je saurai ça au moment où la liste sera close. D'ailleurs, je ne suis pas le seul dans ce cas. La différence entre moi et ceux qui, aussi, ne sont pas certains de recueillir les cinq cents signatures, c'est que j'ai fait plus de galas qu'eux et que, bien que n'ayant pas des doigts en caoutchouc, j'ai serré pas mal de mains. J'ai fait plus d'entrées payantes que Lecanuet a fait d'entrées gratuites. Alors... »

Les journalistes se marrent. Lui se délecte, sur cette scène qui est celle d'un nouveau triomphe, différent des autres :

« Si je n'ai pas de programme, j'ai un cahier des charges, avec les priorités : désarmer les flics, rendre les transports en commun gratuits, répartir un peu mieux la monnaie, c'est-à-dire en prendre aux riches pour la distribuer aux pauvres. Les premiers ne s'en rendront même pas compte tellement ils sont riches, mais les pauvres, eux, ils verront la différence. »

Dans la foulée, il enchaîne :

« Les hommes politiques nous prennent pour des imbéciles, alors votons pour un imbécile qui n'y comprend rien à rien : moi ! Politiquement, je ne suis rien. Mais puisque de toute façon on va voter pour rien, autant voter pour moi qui, effectivement, ne suis rien. Je suis le candidat nul. »

Et quand survient la dernière question :

« Et si malgré tout vous êtes élu ? » La réponse ne surprend personne : « Ce serait une catastrophe ! »

Dès le lendemain, la France entière ne parle plus que de « ça ». La farce fait d'autant plus rire qu'elle arrive en pleine morosité. À plus de six mois des élections, le résultat semble connu d'avance : Valéry Giscard d'Estaing, le président sortant, est donné archi-favori dans les sondages. Mitterrand, une fois de plus, court à l'échec et, à part lui, il n'y a personne qui puisse espérer venir « titiller » Giscard.

Pas de quoi éveiller un quelconque enthousiasme chez les Français.

Bien sûr, certains voient dans la candidature de Coluche la conséquence d'une opération de promotion menée par l'infatigable et génial Lederman. Lequel n'est pas d'accord. Argument à l'appui :

« Coluche n'a pas besoin de ça pour remplir le Gymnase. Il joue à guichets fermés tous les soirs. L'idée est de lui. »

Avec beaucoup de sérieux, pour une fois, le comique explique son cheminement à Dominique Jamet, dans *Le Quotidien de Paris* :

« Tout a commencé très simplement. Il y a sept ans, je me suis dit : tiens ! Si Francis Blanche se présentait à la présidence de la République, je voterais pour lui. Il ne l'a pas fait. Aujourd'hui, il est mort, je le fais à sa place. Parce que je suis un comique comme lui et que je suis connu comme tel. C'est ça qui est important, la fonction de comique. C'est plus profond qu'on le croit en fait. »

Il décortique même avec minutie toute sa réflexion :

« Il y a six pour cent des gens dans les élections présidentielles qui se déplacent pour mettre un bulletin blanc dans l'urne. En fait, il est pas tout à fait blanc le bulletin, parce qu'il y a souvent une grosse ordurerie écrite dessus. Eh bien, ces gens ont intérêt à voter pour moi, parce que voter blanc ou voter pour moi c'est la même chose. C'est prouver qu'on est prêt à voter, mais qu'on n'est pas représenté. »

Dans les jours et les semaines qui suivent, des messages de sympathie arrivent d'un peu partout en France. Des écrivains, des acteurs, des chanteurs et même certains maires manifestent leur soutien à Coluche !

Un sondage effectué par l'IFRES pour le compte du *Journal du Dimanche* dévoile que 11,7 % des Français trouvent scandaleuse la candidature de Coluche mais que 37,1 % la trouvent amusante et sympathique !

Charlie Hebdo devient son support électoral et les slogans, plus vulgaires les uns que les autres, s'accumulent.

Les candidats sérieux commencent à s'irriter d'un tel déploiement de sympathie et d'intérêt autour du bouffon.

Chacun y va de sa petite phrase aigre-douce qui masque mal une certaine inquiétude…

« Mais c'est toujours un canular ! » continue de brailler Coluche comme pour les rassurer.

Et aussi comme s'il pressentait que la tourmente qu'il est en train de déclencher pourrait bien l'emporter lui aussi, lui surtout, à un moment ou à un autre.

La mort du régisseur de ses spectacles, René Gorlin, assassiné par balles dans la banlieue de Paris, fin novembre 1980, est une première alerte.

Coluche va-t-il être éclaboussé ? La rumeur laisse entendre que le crime peut avoir des implications politiques, que Gorlin n'était pas un personnage très net…

Quand la police découvre qu'il s'agit d'un drame passionnel, le mystère s'estompe et avec lui les rumeurs.

Mais, tout de même, Coluche vient de comprendre qu'il n'a pas droit à l'erreur…

Un mois plus tard, nouvelle peau de banane : *Minute* publie en dernière page sa photo anthropométrique prise dans les locaux de la police de Dinard, en 1963 ! Accusé de vol et de recel, avec son copain Bouboule, Michel Colucci avait en effet été emmené au commissariat de la ville. Ce que le journal omet volontairement de raconter, c'est que l'objet du vol n'était rien d'autre qu'un rasoir !

Désormais, l'« opération boycott » se met en place et tout va aller très, très vite. En janvier 1981, il donne une conférence à l'École polytechnique. La télévision ne se déplace pas. Toujours en janvier, on lui censure un sketch télévisé tourné pour l'émission « Collaro show » sur Antenne 2 :

Vêtu d'une jaquette, le torse ceint d'une écharpe tricolore, on le voyait assis à une table de conférence présidant un Conseil des ministres des plus inattendus. Ses ministres du rire, recrutés dans les rangs de l'équipe Collaro portaient tous la légendaire salopette à rayures. Les dialogues et les propos échangés qui pimentaient ce sketch ont donné une telle migraine aux responsables d'Antenne 2 qu'ils ont décidé purement et simplement de supprimer la séquence.

Par agence de presse interposée, Coluche reproche à Jean-Pierre Elkabbach, alors responsable de l'information à Antenne 2, de l'interdire d'antenne.

Dans un communiqué transmis à l'AFP, il déclare que, « malgré les accords pris avec le journal d'Antenne 2-midi sur [sa] venue prochaine en tant qu'invité, Jean-Pierre Elkabbach a fait répondre que c'était trop tard pour [l']inviter ».

« Jean-Pierre Elkabbach prend ainsi position ouvertement du côté du pouvoir, qui veut à tout prix empêcher Coluche de s'exprimer à la télévision aussi bien en tant que candidat qu'en tant qu'artiste de variétés. »

De son côté, Elkabbach indique que, « ouverte à tous, l'information d'Antenne 2 n'est à la disposition de personne » et que « les journalistes n'acceptent aucun procès d'intention ».

Puisque la presse française le boude de plus en plus, Coluche se retourne vers les journalistes étrangers. Le 9 février 1981, il est l'invité de la presse anglo-américaine à Paris.

Fidèle à sa légende, il arrive vêtu tel un clown : souliers rouges à boucle dorée, nez rouge et chapeau de cotillon, blanc et pointu. Plus caustique que jamais, il déclare être le seul parmi ses confrères, les hommes politiques, « à pouvoir se tirer de cette affaire avec les honneurs, c'est-à-dire avec du pognon ».

Sa campagne lui aurait déjà rapporté l'équivalent de six millions de francs de publicité. Son spectacle au Gymnase marche à tout casser, ses disques se vendent comme des petits pains. « Pour un investissement de dix-sept francs dans un télégramme, dit-il, c'est un bon rapport. »

La question qu'il guette depuis le début arrive enfin :

« Avez-vous les cinq cents signatures ?

— Bonne question, monsieur, vous avez gagné un paquet de lessive. »

Et Michel Colucci de joindre le geste à la parole en offrant au journaliste un paquet cadeau – 835 grammes de poudre à laver. Et enfin… d'embrasser l'heureux gagnant sur les joues.

Après cet intermède cocasse, le prétendant au trône élyséen répond à la question :

« J'ai six cent trente-deux promesses de signatures. La preuve est faite si besoin est. Je les montrerai à un journaliste dont le journal a été correct avec moi. Pouitt... Pouitt. »

Mais il sait qu'il est loin d'avoir les signatures nécessaires. Il n'en a qu'une poignée. Il demande à Jacques Attali, déjà conseiller de Mitterrand, de l'aider. Impossible. Les socialistes sont les premiers à craindre sa candidature éventuelle. Coluche en lice aux élections, ce serait beaucoup de voix en moins pour Mitterrand qui pourrait être battu au premier tour par Giscard et par Chirac, si celui-ci se présentait...

Toutes les portes se ferment devant lui. Il découvre ce que l'on fait d'un comique quand on le prend au sérieux.

En mars, il organise une nouvelle conférence de presse farfelue au Gymnase. Cette fois, il est entouré d'une douzaine de sympathisants censés représenter des minorités. Plus triste que drôle... la farce commence à avoir l'arrière-goût amer d'une fin de banquet.

En fait, il ne supporte plus les articles hostiles dans les journaux, le boycott permanent, les visages qui se ferment autour de lui...

A-t-il fini par se prendre et par prendre son canular au sérieux ? C'est, bien sûr, la grande question. Pour les médias, il s'est pris au jeu, dépassé par sa propre farce. Ce qu'ils oublient, c'est qu'ils l'ont bien aidé ! Maintenant qu'ils le laissent tomber, il gesticule encore pour regagner leur intérêt.

La presse l'ignore, ses amis lui tournent le dos, on ne le trouve plus drôle, le Gymnase ne fait plus le plein, *Libération*, qui publiait chaque jour les petites phrases décapantes du candidat Coluche, y a renoncé. Il s'enlise dans sa farce, tout se délite autour de lui et, avant tout, le plus important : Véronique n'en peut plus, Véronique est en train de craquer, Véronique va partir, le laisser, parce que là où il va, elle ne peut plus, ne veut plus suivre.

Le 15 mars, après que quelques idées saugrenues de « coups » publicitaires lui eurent encore traversé l'esprit, il envoie un courrier à l'AFP : « Je ne suis plus candidat, écrit-il. J'ai voulu remuer la merde politique dans laquelle on est, je n'en supporte plus l'odeur. J'ai voulu m'amuser et amuser les autres dans une période d'une très grande tristesse et d'un grand sérieux. C'est le sérieux qui vient de gagner [...]. Je me demande comment j'ai pu croire que ma candidature ferait rire les médias et les hommes politiques. Mais quand les uns font bloc et les autres font silence, ils créent un gros trou entre le public et le candidat, le meilleur moyen d'étouffer le candidat [...]. Si j'avais deux pour cent dans les sondages, on aurait trouvé ça rigolo, mais dix pour cent, c'était trop. Déjà, la police fait un dossier sur moi dans le but d'interdire ma candidature au dernier moment. Tout ça est trop sérieux pour moi. Je ne parle pas des menaces de mort et autres marques d'affection que l'on m'a fait l'honneur de m'adresser. Messieurs les hommes politiques de métier, j'avais mis le nez dans le trou de votre cul, je ne vois pas l'intérêt de l'y laisser ! Amusez-vous bien, mais sans moi ! »

Il leur réserve encore une surprise. C'est pour le lendemain après-midi, sur la scène du théâtre du Gymnase quand il convoque la presse et annonce qu'il va faire une grève de la faim qui durera tant qu'il ne sera pas invité au « Club de la presse » d'Europe 1 et à l'émission « Cartes sur table » d'Antenne 2 !

Cette fois, c'est vraiment n'importe quoi, comme si les plombs avaient sauté.

Aujourd'hui encore, tous ceux qui l'ont aimé gardent comme un goût amer dans la bouche au souvenir de ces jours pitoyables.

Il entame donc sa grève de la faim le 16 mars 1981, après l'avoir annoncée en conférence de presse et s'être « envoyé » un grand plat de spaghettis, histoire de fêter ça.

Question mise en scène, il a tout prévu. Il s'est même assuré le concours d'un huissier pour constater l'évolution de son état. Les mêmes journaux et autres médias qui s'étaient lassés de ses « colucheries » se remettent à parler de lui.

Quand il reçoit les journalistes chez lui, il dément vigoureusement la rumeur d'une fausse grève de la faim :

« Non, ce n'est pas un canular, c'est une vraie grève de la faim. Les canulars, il faut en user avec parcimonie. Cela dit, c'est déloyal pour un mec qui mange beaucoup comme moi de faire la grève de la faim. C'est beaucoup plus dur que pour un autre. »

Officiellement, il se contente de deux verres d'eau le matin, l'un sucré, l'autre salé, et d'eau minérale le reste de la journée.

La première semaine, il perd six kilos.

Ses amis s'inquiètent, ils ont peur qu'il aille trop loin.

Mais, dans leur livre *Coluche à cœur et à cris*[1], ses potes les plus intimes révèlent la supercherie.

« Michel est bien obligé de dévoiler la vérité. Sous son matelas, et un peu partout dans sa chambre, il a caché des œufs durs, des bananes et autres produits de régime…

“Je vais quand même pas me laisser mourir pour cette bande de cons !” »

Le plus terrible c'est que tout cela ne sert à rien. Rien ne se débloque. Coluche est coincé dans sa vraie fausse

1. Éditions n° 1, 1987.

grève de la faim comme un enfant qui aurait poussé trop loin une plaisanterie et ne voit pas d'issue.

Lederman, anxieux et ne maîtrisant plus la situation, revient à la charge depuis plusieurs jours :

« Il faut tout arrêter. »

Oui, mais comment ?

Il veut « finir » en seigneur. Ou tout au moins selon l'idée qu'il se fait d'une fin de seigneur.

Le récit de ses potes :

« Il se met d'accord avec Lederman sur un scénario très précis. Une chambre est retenue pour lui dans une clinique de Neuilly et Michel s'y fait hospitaliser. Dès le lendemain matin, il s'évanouit à trois reprises, ce qui fait dire à son médecin qu'il est très atteint sur le plan physique et psychique. Il y passe quatre jours, en compagnie d'illustrés et de cassettes de musique qu'il s'empresse de ranger dans un tiroir dès qu'il reçoit de la visite. La radio et la télévision sont bien obligées de faire état de son hospitalisation. Les journaux à gros tirage lui consacrent leur couverture en publiant une photo prise par l'agence Sygma, un beau cliché : Michel, gémissant sur son lit, une aiguille de sérum fixée au bras, mais plantée en réalité dans son oreiller. Baisés, les censeurs ! Michel peut enfin arrêter une comédie qui ne l'amuse même plus depuis longtemps. Il ne lui reste qu'à annoncer la fin de sa grève et le retrait – véritable et sans appel cette fois – de sa candidature[1]. »

Le tour est joué ?

Hélas, non. Coluche, aux prises avec sa fausse grève de la faim, son faux lit de douleur, ses faux malaises, va plonger dans un véritable enfer – une chute vertigineuse – comme dans les plus mauvais films de terreur, il

1. *Ibid.*

va sentir se dérober sous lui les êtres et les choses, tout ce à quoi il tenait le plus.

Englouties, ses quelques certitudes. Brûlées, ses vieilles espérances. La souffrance dont il s'est peut-être trop moqué, les angoisses qu'il a soufflées à son cœur et son corps le rattrapent. Une expédition punitive commence. C'est l'histoire d'un mec qui tombe, qui tombe, qui tombe…

DÉRIVE

Quand tu as eu une femme et des enfants et que tu as divorcé, tu te dis : maintenant, qu'est-ce qui peut m'arriver de pire ? Rien. Donc, c'est bonnard, tout est bonnard. Quand tes gosses s'en vont, il ne peut plus rien t'arriver de pire.

Coluche

Comme une méchante vague qui vous emporte, vous roule et vous racle tout au fond, la maladie avec laquelle il a trop joué ces derniers temps l'agrippe et ne le lâche plus.

De malaises en vertiges, il file tout droit vers la dépression, et le mois d'avril 1981 le trouve usé, affaibli, hagard, loin, si loin du Coluche triomphant qui, il y a quelques mois seulement, se présentait à la candidature à la présidence de la République.

Cet homme-là est malade. Il…

Il en a trop fait ? Il a abusé de ses forces ? Il supporte mal l'échec de sa candidature ? Il souffre d'un trop-plein de critiques ?

Sa vraie souffrance est ailleurs.

Pour lui, comme pour un autre, elle se trouve dans un regard, celui de la femme qu'on aime au moment où elle vous quitte.

Véronique l'a quitté. Véronique est partie et dans son regard il a su tout de suite que c'était pour toujours.

Depuis plus d'un an, il le craignait.

Mais le malheur que l'on redoute n'en devient pas pour autant moins redoutable. Au contraire. C'est là que réside le tragique. Dans cette certitude qu'un jour, bientôt, maintenant, il va frapper à votre porte, qu'il est là et que vous l'attendiez.

Il a bien essayé de faire face à la lassitude de Véronique, trop seule, trop isolée dans la maison toujours pleine de monde. Il a bien essayé de donner un peu plus de son temps à ses deux enfants.

Mais une chose puis l'autre l'ont emporté, encore une fois, trop loin d'eux.

Pour se donner, leur donner à tous, une dernière chance, il a imaginé une vie nouvelle, en Guadeloupe. Lui aussi, il allait changer.

Et puis le Gymnase tous les soirs, les copains toutes les heures, la « campagne électorale »...

Véronique n'était pas très pour, c'est le moins que l'on puisse dire. Mais enfin, le temps d'une farce, ça ne pouvait pas être bien long !

Quand elle s'aperçoit, très vite, que l'affaire devient sérieuse, elle prend peur. Cette fois, ce ne sont plus seulement les copains qui débarquent rue Gazan. Il y a maintenant des sommités et conseillers : Yves Lemoine, du syndicat de la magistrature, le psychiatre Félix Guattari, le philosophe Gilles Deleuze, l'écrivain Jean-Pierre Faye et quelques autres encore. Désormais, la maison est transformée en bureau politique, jour et nuit !

Impuissante, Véronique voit son mari travailler la journée à recueillir des signatures, faire son métier le soir au Gymnase, sur scène pendant plus de deux heures et, la nuit, discuter jusqu'à l'aube avec tous ces « gens » !

Elle craint pour lui et en même temps, elle lui en veut.

À quoi bon toute cette agitation ? Que cherche-t-il vraiment ? Qu'est-ce qui le pousse à aller chercher ailleurs, toujours, des bonheurs qu'il ne trouve nulle part ?

On le savait peu doué pour le bonheur, on le découvre soudain doué pour le malheur. Un « don » dont on ne se remet jamais !

Véronique le sait-elle alors ?

Elle se tait…

Quand il s'exhibe nu avec des plumes tricolores dans le derrière, elle se tait.

Quand on interroge de grands couturiers sur la façon dont ils souhaiteraient l'habiller si elle devenait « Madame la présidente », elle se tait.

Elle se tait de plus en plus souvent et quand elle parle, Michel ne l'entend plus.

Quand il décide de faire la grève de la faim, elle tente encore une fois de le convaincre : il ne doit pas ! Ça ne sert à rien.

À ce moment-là, la décision de Véronique est prise.

Mais quand, le 29 mars, il fait un malaise, elle fonce à son chevet.

Sont-ils déjà définitivement séparés ? En tout cas, pour tout le monde, Véronique fait comme si rien n'avait changé.

« Le soir de son malaise, expliquera-t-elle quelque temps après, je n'étais pas à la maison. J'étais partie le matin même en province. Normalement, j'aurais dû rester absente pendant plusieurs jours. Mais quand on m'a téléphoné pour me dire ce qui s'était passé, j'ai pris le premier avion pour venir au chevet de mon mari. »

Pudeur, pudeur extrême…

Car, pour beaucoup, à ce moment-là, Coluche et Véronique sont séparés. Elle vient même de le quitter et le lui a annoncé le matin de son départ.

D'où le malaise.

Il a commencé à comprendre, mais il est trop tard.

Trop tard pour arrêter la mascarade, trop tard pour faire à Véronique de nouvelles promesses auxquelles elle ne croit pas.

Il lui a parlé de la Guadeloupe. Une fois de plus. La Guadeloupe comme un mirage. La Guadeloupe, « où c'est qu'on va aller quand on aura du fric », aurait chanté Brel.

Là, ce n'est pas le fric qui manque. C'est la foi.

Son histoire de soleil, de vacances qui dureront dix ans, de journées qu'il va consacrer exclusivement à sa femme et à ses gosses, Véronique ne peut plus y croire.

Comme toujours, il veut aller jusqu'au bout de ses folies.

Dès sa sortie de clinique, il demande à Paul Lederman d'annuler les représentations au Gymnase. Il ne peut plus.

Amical, affectueux, Paul comprend. Il sait que le départ de Véronique est un coup terrible et même au-delà. Malgré tout, Coluche, au fond de lui, n'arrivait pas à croire complètement que Véronique le quitterait.

Il part de la rue Gazan et prend un appartement rue du Temple, à quelques dizaines de mètres du Café de la Gare.

Puis il s'envole pour la Guadeloupe.

Il en revient en mai, pour voter Mitterrand.

Mais le 10 mai, quand il se rend au bureau de vote, il s'aperçoit qu'il a oublié sa carte d'électeur et sa carte d'identité !

Mitterrand est élu tout de même.

Il retourne en Guadeloupe où il a acheté, à Deshaies, joli village à quelques kilomètres de Pointe-à-Pitre, une petite maison en pierre, de style colonial, bâtie sur un terrain qui domine la baie.

Il a fait venir Patrick Dewaere qui construit à son tour sur son terrain.

Plus tard, Coluche achètera un catamaran, baptisé le *Johnny B. Good*, avec lequel il sillonnera les flots de la région.

Quand il rentre à Paris, il est toujours aussi malheureux. Le soleil, le sable, la mer n'effacent pas le manque d'une femme qu'on aime et des deux enfants qu'elle vous a donnés.

Véronique a demandé le divorce. Il sera prononcé le 3 décembre 1981.

En attendant, il traîne son désespoir :

« Lui qui ne supportait pas la présence de drogués autour de lui et pouvait virer quelqu'un pour une ligne de coke, s'est fait à son tour piéger par la “poudre” [...] l'abus d'héroïne pour oublier, pour tenir[1]... »

Dans Paris, la rumeur se répand vite, vraie et perfide à la fois : Coluche se drogue. À l'héroïne ! Il fréquente des dealers et des revendeurs, laisse entendre qu'il arrêtera quand il voudra, ne se cache même pas.

Quelques jours après que son divorce a été prononcé, il aligne tranquillement quelques lignes d'héroïne sur une table, aux Bains Douches, la boîte à la mode dont il est, on s'en souvient, un des fondateurs.

N'importe qui peut le voir... Il est même difficile de ne pas le voir. Et peu importe si des flics des stupéfiants sont souvent là, discrets, pour essayer de prendre sur le fait des drogués !

---

1. *Coluche à cœur et à cris*, Éditions n° 1, 1987.

Seul Lederman, comme une mère ou un père aveuglé par trop de tendresse, ne veut pas croire que « son » Coluche est tombé dans la drogue.

La drogue, il la déteste tellement, Paul ! Alors, pas Coluche, non, pas Coluche !

Au 44, rue du Temple, son abri forcé, sa tanière sombre et dépeuplée, il prend l'habitude de traiter en face à face avec lui-même ses petites affaires d'héroïne.

Comme ça, les autres, ceux qui l'aiment encore et qui souffrent de le voir se détruire, ne le verront plus à l'œuvre. Il remplit son appartement de tant de tristesse et d'abandon qu'il en devient lugubre.

La mort, il y songe parfois. Le suicide devient une tentation. Continuer à vivre est une telle corvée ! Son inspiration s'est tarie. Son humour est au-delà du noir.

Plus noir que noir, c'est quoi ?

Après son divorce avec Véronique, il se veut nu et dénué, pauvre comme à l'origine, comme le gosse de Montrouge où il retourne régulièrement. Pour voir Monette, installée dans le bel appartement qu'il lui a offert.

Pour se retrouver aussi, parfois, dans le petit appartement où il a grandi et qu'il continue, dit-on, de louer parce qu'il n'a jamais pu s'en séparer définitivement.

Là, quand le chagrin de tout le reste est trop fort, il retrouve les murs tristes de l'enfance, se cache, redevient un gosse : il pleure.

Son inspiration n'existe plus. Paul Lederman a renoncé à lui demander de travailler. Pour l'instant. Les impôts s'abattent sur lui avec une violence qui le dévaste un peu plus.

Il doit des millions de francs à l'État. Il va bien falloir les payer, mais comment ?

Aussi étonnant que cela paraisse, il va être sauvé, et de la ruine et du reste, par un « machin » qu'il déteste et dont il n'a jamais parlé qu'avec mépris : le cinéma.

« Le cinéma, c'est de la merde, un boulot de con », dit-il souvent. Pour lui, il n'y a rien de plus nul et de plus facile que de faire l'acteur.

Mais il va se trouver, au bout de ses dérives, dans une situation qui ne laisse plus le choix : il n'y a que le cinéma qui lui propose des choses. Il n'y a que le cinéma qui lui offre la possibilité de gagner beaucoup d'argent et donc d'essayer de se refaire.

Claude Berri, entre autres, lui a fait signer un contrat pour quatre films qui seront bouclés – Coluche est pressé – en deux ans !

Au bout de tout ça, il y a la sortie à la lumière d'un soir de césars. Le cadeau d'une chance nouvelle que lui fait ce cinéma dont il dit tant de mal.

CINOCHE

Au tout début, il y a le Café de la Gare, encore. 1969. Claude Berri s'apprête à tourner *Le Pistonné*. Il cherche son acteur principal et aussi quelques « rôles » secondaires.

Il vient un soir au Café de la Gare où on lui a dit qu'il trouverait quelques personnages intéressants. D'autant que son assistant, Claude Confortès, lui a parlé de Coluche qui l'a impressionné sur scène…

« Dès que je l'ai vu, je l'ai trouvé étonnant, extraordinaire, il savait qu'il avait rendez-vous avec un metteur en scène de cinéma après la représentation et j'ai vu dans son regard qu'il avait envie de faire du cinéma. J'ai même eu envie de lui donner le rôle principal, mais il n'en était pas question pour la Columbia et c'est Bedos qui l'a joué. Mais je n'ai pas pensé à lui au cinéma dans le registre du comique, il avait plutôt l'air d'un type de la zone, de la rue. Pour ce film, j'avais un rôle qui m'était inspiré par un garçon que j'avais connu à l'armée, qui avait fait de la taule avant le service, pendant et après (je me souviens que, quelques années plus tard, j'ai témoigné pour lui à un procès où il était accusé de cambriolage). J'ai beaucoup aimé ce type pendant mon service, un vrai voyou, j'ai pensé à Coluche pour ce rôle et il l'a joué. Le tournage a duré sept ou huit semaines au Maroc et son rôle se baladait sur tout le film. Plus je passais de temps avec lui, plus j'étais impressionné et persuadé qu'il allait faire des choses extraordinaires. Mais je n'imaginais pas sa carrière au music-hall, je le voyais dans les rôles dramatiques, disons entre Aimos et Gabin. Les années ont passé, on est restés liés, jusqu'au jour où, préparant *Le Mâle du siècle*, j'ai pensé à lui pour le rôle principal avec Miou-Miou, qui était sa petite amie à l'époque. Et là j'ai été surpris, il m'a dit : "Non : on va me lancer au music-hall, comme une marque de lessive sur les murs, on va me placarder partout." Et Paul Lederman, assez rapidement, a fait de lui une vedette[1]. »

Après *Le Pistonné*, Coluche enchaîne du bout des lèvres, avec de brèves apparitions, dans *Laisse aller, c'est une valse* de Georges Lautner, *L'An 01* de Jacques Doillon, *Elle court, elle court la banlieue*, de Gérard Pirès, *Themroc* de Faraldo, *Le Grand Bazar* de Zidi.

C'est en 1975 qu'il tourne son premier film en vedette. Aux côtés de Jean Rochefort, il joue une comédie de Patrice Leconte, *Les vécés étaient fermés de l'intérieur*. Une comédie policière sophistiquée et assez drôle, mais au scénario trop mince pour que le public réponde. L'échec est sévère. Coluche, déjà très populaire au music-hall, encaisse mal.

Il revient au cinéma quelques mois plus tard avec *L'Aile ou la Cuisse*. Cette fois, pas question de passer inaperçu : Claude Zidi lance à l'assaut l'un de l'autre Louis de Funès et Coluche, les deux plus grands comiques français ! Dans des genres très différents, il est vrai.

Sur le plateau, les premiers jours du tournage, l'ambiance est à l'inquiétude. Les deux hommes n'ont pas la réputation d'avoir un caractère facile. Ils ont

---

1. *Les Cahiers du cinéma*, juillet 1986.

également l'habitude de tirer volontiers la couverture à eux. Mais de Funès est malade du cœur. Il se remet d'un infarctus et n'a plus envie de guerroyer.

Dans le film, Coluche interprète le rôle de son fils. La situation rapproche les deux hommes. Ils se jaugent en un clin d'œil et s'entendent alors comme deux vieux copains. Pour Coluche, de Funès devient « Fufu ».

« Fufu est une école à lui tout seul, dira-t-il plus tard, admiratif. On nous avait rebattu les oreilles avec nos mauvais caractères respectifs, mais il n'y a jamais eu de problèmes. On parlait la même langue, on se marrait. On était prêts à recommencer. »

Avec plus d'un million d'entrées, *L'Aile ou la Cuisse* est un succès, même si le tandem de Funès Coluche est moins tonitruant qu'on l'espérait.

Le Coluche du film est également surprenant voire décevant. Lui qui triomphe au music-hall dans un personnage décapant, grossier, cynique, dur et grinçant, joue là un bon gentil garçon, un brin rêveur et romantique, timide et tendre. Bref, il est transformé en « jeune premier », rayon comique !

D'autres films suivront où le décalage sera aussi choquant entre ce qu'est Coluche sur une scène, avec son agressivité et son sens de la provocation, et les rôles que les réalisateurs lui font interpréter. À trop lui faire endosser l'humour des autres et le fondre dans des personnages bien loin de lui, ils finiront par le « sous-employer » !

Il l'a d'ailleurs tellement bien compris qu'il se lance, en 1977, dans l'aventure de *Vous n'aurez pas l'Alsace et la Lorraine* qu'il va réaliser lui-même :

« Jusqu'ici, explique-t-il, je n'ai jamais participé à un film comique qui me fasse vraiment rire, même si, sur le plateau, on s'est bien marrés. On me propose tellement de conneries, autant les écrire et les réaliser moi-même. »

Il bat le rappel de tous les copains qu'il a dans les cafés-théâtres : Gérard Jugnot, Gérard Lanvin, Anémone, Martin Lamotte et quelques autres se retrouvent dans une farce burlesque écrite et réalisée par Coluche qui s'est octroyé le premier rôle : celui du roi Grospif !

« Je suis très content de moi, c'est le principal, déclare-t-il à la sortie du film. Bide ou succès, je m'en fous. [...] Si jamais il fait rire, j'en ferai d'autres dans ce genre-là. Sinon j'en ferai d'autres, mais pas dans ce genre-là. J'aimerais mieux faire un petit peu plus fin, mais le public rit plus facilement de ce qui est facile[1]. »

Le bide cinglant de *Vous n'aurez pas l'Alsace et la Lorraine* lui apprend qu'il se trompe et que le public n'est pas forcément aussi idiot qu'il semble le croire !

Son histoire, sur fond de tartes à la crème, ne fait rire que quelques copains et initiés.

De méchante humeur, d'autant que le tournage ne s'est pas vraiment bien passé, Coluche décrète qu'il ne touchera plus jamais à la mise en scène… « Faire le réalisateur, c'est trop de travail et ça n'est même pas amusant… »

Quand il reviendra, pour de bon, au cinéma, il en balancera encore quelques-unes, excellentes :

« Le cinéma, c'est un métier de rêve. On branle rien de rien. On tourne environ deux minutes par jour. Le reste, c'est la caravane des copains. »

En attendant, il retrouve avec joie le music-hall et ne pense plus à rien d'autre si l'on excepte une apparition dans *Drôles de zèbres*.

Quelques mois avant ses « exploits » politiques de la fin de l'année 1981, il tourne *L'Inspecteur La Bavure* en

---

1. *Paris-Match*, 20 octobre 1977.

vedette aux côtés de Gérard Depardieu dont le nom arrive après le sien au générique.

Le voilà qui interprète un flic, lui qui passe son temps à leur taper dessus !

Là encore, il est un héros gentil et maladroit face à Depardieu qui joue les méchants avec beaucoup de conviction. Comme le film est drôle, les dialogues de qualité et le scénario bien ficelé, c'est un succès. Derrière lequel, même si le réalisateur en est Claude Zidi, on retrouve Claude Berri… et pas seulement parce qu'il en est le producteur.

Berri continue en effet de suivre la carrière de Coluche, de le voir régulièrement, de lui donner des conseils quand celui-ci les sollicite. Il continue surtout de croire que Coluche est un grand acteur et qu'il faut l'aider à le prouver. Faire *L'Inspecteur La Bavure* était, selon lui, un bon pas en avant. Restait à convaincre le principal intéressé. Claude Berri raconte :

« Il était un peu réticent, et, un soir, on dîne chez lui avec Zidi, qui lui raconte l'histoire de *L'Inspecteur La Bavure*, où il partagerait la vedette avec Depardieu. Ça lui plaît, et c'est comme ça que le film s'est fait, produit par moi. […] Coluche me demande de le prendre sous contrat. Je pensais depuis pas mal de temps qu'il pouvait devenir la plus grosse vedette du cinéma français. Il aime être pris en main, un peu comme au music-hall avec Lederman, et il avait envie que je sois impliqué. Et c'est là qu'on a discuté de ce contrat : je lui avais proposé moins d'argent, tout en étant au pourcentage, lui préférait le système pratiqué dans le music-hall, c'est-à-dire d'être payé au forfait. On a signé un contrat de quatre films pour sept millions de francs, ce qui, à l'époque, était pris comme une folie. Par quoi commencer ? Je lui ai raconté l'histoire de Jules Celma, qui avait publié un livre chez Champ Libre, le récit vécu d'une aventure un peu soixante-huitarde, d'instituteur suppléant dans une école de campagne, qui pratiquait une pédagogie très libre, laissant les enfants en liberté, les incitant à s'émanciper ; les parents se sont plaints, il y a eu procès et il a été renvoyé. Au lieu de tourner un film subversif, dur, j'ai voulu écrire un film assez tendre pour lui. *Le Maître d'école* est un film charmant, gentil, poétique[1]. »

Hélas, au moment où commence le tournage du *Maître d'école*, Coluche est au plus mal. Il est en plein divorce avec Véronique, les impôts le harcèlent et les conséquences de sa « fin de campagne électorale » sont désastreuses : dépression, prostration, incapacité de création.

Le tournage se passe très mal. En pleine détresse et alors que ses deux enfants lui manquent cruellement, Coluche supporte mal les autres gosses, nombreux, qui jouent dans le film et qui jouent aussi en dehors du film.

Un rien l'irrite. Cet été-là, il « joue » de plus en plus dangereusement avec les drogues. Il devient de plus en plus nerveux, explose régulièrement, s'engueule avec tout le monde, même avec Claude Berri.

Il se démolit tellement que, en quelques semaines, il perd douze kilos !

Sans l'afficher ouvertement, sans même faire un pas direct vers Véronique, il espère qu'elle reviendra. Il a demandé à Claude Berri de l'engager sur le tournage du *Maître d'école*, et celui-ci, gentiment, a accepté.

Curieusement, Véronique, qui commence le film comme régisseur adjoint puis en devient l'attachée de presse, une fois qu'il est terminé, figurera sous deux noms au générique de fin ! Régisseur adjoint : Véronique Colucci. Attachée de presse : Véronique

1. *Les Cahiers du cinéma*, *op. cit.*

Kantor… Entre-temps, elle a repris son nom de jeune fille. Un simple détail mais qui augmente le chagrin de Coluche et accroît sa détresse : il comprend que c'est bien fini.

Après le tournage, il repart pour la Guadeloupe où il tente de chasser ses idées noires. Ses idées de mort. Le soleil camoufle la désespérance. Dès qu'il rentre à Paris, le malheur le saisit à nouveau.

C'est à cette période que Ludo, de son vrai nom Ludovic Paris, est entré dans sa vie. Tout comme pour Didier Lavergne, le maquilleur rencontré sur le tournage de *Vous n'aurez pas l'Alsace et la Lorraine*, il pressent que, dans les jours noirs qui le guettent, il aura besoin de son amitié.

Les amis ne suffisent plus. Il lui faut des « gardes » du cœur, des « gorilles » de l'âme…

Heureusement, si l'on peut dire, l'acharnement des impôts à lui soutirer le moindre sou qu'il gagne – il a tellement de retards ! – l'oblige à tourner sans cesse, ce qui lui évite de trop penser.

Au printemps 1982, il part tourner *Deux heures moins le quart avant Jésus-Christ* en Tunisie.

Il fait engager tous ses amis sur le film et demande qu'ils soient logés avec lui. Berri ne lui refuse rien : Coluche, Ludo, Didier, Aldo se retrouvent dans la plus belle villa de Monastir. Et pour cause, elle appartient au Premier ministre tunisien ! Plus d'une douzaine de chambres, des salles de bains en marbre, des salons magnifiques luxueusement meublés… Après le passage de Coluche et de ses potes, il faudra « réparer » la villa car, de farce en farce, les dégâts seront explosifs !

Il va enchaîner avec *Banzaï*, mais, le 16 juillet 1982, il est en Guadeloupe quand il apprend le suicide de Patrick Dewaere, à Paris.

Patrick, le frère, l'ami paumé lui aussi, en proie à la drogue lui aussi, Patrick le fragile, au talent si pur qu'il était sans doute le plus grand. La mort de Patrick, c'est un nouveau coup terrible pour Coluche. Il revoit le Café de la Gare, leurs débuts, leurs peurs et leurs espérances. Qu'en reste-t-il aujourd'hui ?

Rien que les peurs. La drogue. Le désespoir. Et maintenant, la mort. Il tremble comme d'autres pleurent.

Revenu à la vie pour *Banzaï*, il rendosse la panoplie du clown cynique – encore et toujours. Avant de s'envoler pour New York où commence le tournage, il lance : « Je vais tourner avec Valérie Mairesse. Cette fille a un cul et des seins terribles… Qu'est-ce qu'elle doit être bonne ! »

Il continue de provoquer, de jouer les allumeurs de mots, mais il sait bien lui-même que tout cela n'est pas très drôle. C'est seulement une façon de continuer, de ne pas s'enfoncer dans les jours sombres, de tenter de traverser, malgré tout, les années « noir c'est noir ».

Après New York, le tournage se poursuit à Hong Kong et en Afrique. Coluche est ravi : plus il bouge, plus il va loin, plus il a la sensation d'effacer les manques et la souffrance. Là encore, il emmène copains et petite amie.

Boulimique de tendresse, de drogue qu'il consomme partout, il l'est aussi de cadeaux, de gadgets qu'il accumule, pour lui ou pour offrir, car, de plus en plus, ils remplacent les mots quand il veut dire « je t'aime » ou « j'ai besoin de toi » à quelqu'un :

« À Hong Kong, c'est un tout autre paradis qui l'attend. À chaque coin de rue s'ouvrent des boutiques gorgées de gadgets électroniques. Michel est comme un fou. Il achète tout ce qu'il trouve : la montre qui dit bonjour en trois langues, la télévision couleur qui tient dans la poche, le robot qui saute en l'air quand on le siffle, la chaîne stéréo portable avec Walkman incorporé... La plupart ne sont pas pour lui. Il songe déjà à la tête de ses copains quand il rentrera à Paris, les bras chargés de cadeaux introuvables en France. Malheureusement, dans les quatre jours suivant son arrivée, sa chambre d'hôtel est cambriolée. Furieux, Michel se crée un tee-shirt adapté à la circonstance : sur un maillot de corps, il écrit en français et anglais : "Ne restez pas dans cet hôtel, ce sont tous des voleurs"[1]. »

Le soir venu, il organise des fêtes, des « rigolades parties », des « expéditions sexuelles » avec massages et tout le tralala... Et le film ? Il n'apprend pas son texte, préfère improviser, ce qui lui vaut un certain nombre de problèmes avec Zidi, les techniciens et les autres acteurs, tous complètement déboussolés ! Ça passe tout de même, et le film, très drôle, est un succès.

Ce ne sera pas la même affaire, quelques mois plus tard, pour le tournage de *La Femme de mon pote*. D'abord, Patrick Dewaere, qui devait être le partenaire de Coluche, est mort. Il est remplacé par Thierry Lhermitte. Durant tout le tournage, Coluche ne pourra pas regarder Lhermitte sans penser à chaque fois à son ami disparu et sans ressentir une blessure au cœur. Cela crée un climat morose sur le plateau. Pendant toutes ces semaines à Courchevel, ni Thierry Lhermitte ni Isabelle Huppert ne pourront détendre l'ambiance, malgré tous leurs efforts.

La Femme de mon pote n'est pas une comédie. Douloureux exercice autour des tourments de l'amour et de l'amitié, du déchirement de l'un entre son pote et la petite amie de celui-ci dont il sait qu'il l'aimerait tellement mieux que « l'autre »... C'est le premier rôle dramatique de Coluche. Une véritable surprise pour tous

1. *Coluche à cœur et à cris*, Éditions n° 1, 1987.

ceux qui ne voient en lui que le pitre grimaçant. Une véritable surprise pour lui aussi car, il l'avouera plus tard, il n'avait pas lu le scénario avant de commencer le tournage !

Avec Bertrand Blier, les rapports tournent vite au vinaigre.

Dès le premier jour, ça avait été explosif. Entre le metteur en scène très directif, sachant absolument ce qu'il veut et comment il le veut, et l'acteur en révolte contre son désespoir, homme à la dérive, continuant, comme pour *Banzaï*, de refuser d'apprendre son texte, les heurts sont violents. Blier exige que chaque mot des dialogues soit su et dit. Coluche en est incapable. Ce qui ne l'empêchera d'ailleurs pas de rendre avec émotion tout le côté pathétique du personnage. Il est si pathétique lui-même. Toujours en proie à la drogue, il passe par des phases d'abattement terribles, suivies de moments d'excitation incontrôlable.

Il a commencé sa lutte contre l'héroïne. Mais sans succès. Si ce n'est des interruptions de quelques jours voire quelques semaines, toujours balayées par une nouvelle crise…

Il en est là quand Claude Berri lui met dans les mains le scénario de *Tchao Pantin*, un rôle fort, violent, désespéré, si proche de ce qu'il est lui-même que c'en est presque gênant.

« Ce personnage venait à point, c'était la rencontre entre une cassure qu'il y avait en moi et une souffrance dans la vie de Coluche, raconte Berri. C'est la force du film, l'authenticité de cette souffrance. »

Tchao Pantin, tiré d'un roman d'Alain Page, est un drame noir, acide, désespéré. Inscrit dans un univers sinistre, battu par une pluie lourde, plongé dans la nuit, il met en scène un petit dealer arabe (Richard Anconina), une punk à la dérive (Agnès Soral) et un ancien flic alcoolique, devenu pompiste de nuit (Coluche). Bouleversant, Coluche va porter, tout au long du film, sur ses larges épaules, la misère du monde et le désespoir de l'humanité !

Claude Berri raconte :

« C'était évident : pour moi, Coluche allait être dans ce film le Gabin de *Quai des brumes*. On a essayé les costumes, son maquilleur et son coiffeur lui ont dessiné une moustache, des pattes, graissé les cheveux, Coluche m'a regardé et j'ai vu Lambert. Le premier plan, je l'ai filmé de dos, il s'est retourné vers la caméra et j'ai compris qu'il serait formidable pour le rôle. Le lendemain, j'ai téléphoné à Richard Pezet à AMLF pour avancer la date de sortie à décembre, parce qu'il avait toutes ses chances pour le césar du meilleur rôle[1]. »

Le metteur en scène ne se trompe pas. Même si, lui aussi, a du mal à travailler avec Coluche. Même s'il est parfois perturbé par les sautes d'humeur, les colères incontrôlables provoquées par la drogue. La mémoire fait parfois défaut, certains silences ou hésitations créent une atmosphère encore plus lourde, plus tendue.

Mais le film, et c'est peut-être la première fois depuis longtemps, lui tient à cœur. Sans le dire, sans trop le montrer, Coluche y met du sien, se remue, sort par moments de sa tragique léthargie pour faire passer le personnage et l'histoire avant les démons de sa propre histoire :

« Lorsqu'il y avait une scène difficile ou longue, je le voyais travailler dans sa caravane, la veille », raconte Berri qui ne regrette pas, malgré tout, d'avoir signé, le 1er juin 1983, un nouveau contrat d'un film par an pendant cinq ans.

Une série dont *Tchao Pantin* est le numéro un !

---

1. *Les Cahiers du cinéma*, *op. cit.*

Berri y croyait à fond, Coluche un peu moins, car il doutait de ce qu'on attendait de lui, un peu par parano, et hanté par l'idée qu'on voulait lui faire interpréter à l'écran sa propre dépression, sa vraie douleur.

Et si ce n'était pas son talent qu'on sollicitait mais tout simplement sa déprime ?

C'est en tout cas son talent qui fait un triomphe dès la sortie du film. Et pas seulement parce qu'il s'exprime dans un contre-emploi :

« C'est Coluche émouvant comme on ne pouvait pas l'imaginer dans *Tchao Pantin*, un film noir tel qu'on n'en a pas vu souvent dans le cinéma français », écrit Jean-Claude Loiseau dans *Le Point*, dès la sortie du film.

Dans *L'Express*, François Forestier renchérit : « Rarement le cinéma français aura su camper avec une telle force, une telle densité obsessionnelle, un personnage de *looser*. Lambert et Coluche possèdent l'existence inouïe qu'ont les bonshommes rescapés des romans de Céline. »

Le public suit et remplit les salles où l'on projette *Tchao Pantin*. Quand Coluche décroche le césar du meilleur acteur de l'année en mars 1984, tout le monde trouve ça on ne peut plus normal.

Ce que personne ne sait encore, même pas lui, c'est que ce qui est en train de se passer va le sauver.

Un déclic ? Un miracle ?

L'homme, bientôt, sera de nouveau à ressort. Il va sortir de la dépression qui l'emprisonne depuis près de trois ans, se sortir de la drogue qui lui empoisonne le cerveau. Il va recommencer à vivre.

Et continuer de se donner au cinéma qui lui a donné sa force pour renaître.

Il enchaîne avec une bonne vieille comédie, *La Vengeance du serpent à plumes*, de Gérard Oury.

On s'étonne ? On lui demande pourquoi il ne poursuit pas dans la tragédie et le sérieux, le cinéma pensé qui vient de lui valoir bien des honneurs ?

Il balaie toutes les questions par des réponses cinglantes, affichant, avec sa force nouvelle, son mépris vigoureux pour les films qui pensent !

La Vengeance du serpent à plumes est un succès même si ce n'est pas un chef-d'œuvre. Maruschka Detmers, la partenaire de Coluche, est bien jolie, mais Gérard Oury, le réalisateur, a déjà fait beaucoup mieux que cette grosse pâtisserie comique. Et puis Coluche n'est jamais aussi drôle que lorsqu'il interprète son propre humour ! Il a beau être bon comédien, il n'est vrai que lorsqu'il débite « ses » blagues.

Avec *Le Roi Dagobert*, il sombre dans la pantalonnade. Dino Risi, le metteur en scène, a réuni autour de Coluche deux monstres sacrés : Michel Serrault et Ugo Tognazzi. Mais le film n'en est pas moins d'une accablante médiocrité.

Coluche, lui-même, résume ainsi le scénario :

« Tout se passe dans un char à bœufs où je mange, je baise… En plus, ça va être le genre gros nichons. »

C'est plutôt le genre rien du tout et ça fait un bide.

On le reverra à l'écran dans *Les Rois du gag* et *Sac de nœuds* de sa vieille copine Josiane Balasko, mais le dernier film très important de sa vie, c'est *Le Fou de guerre*, de Dino Risi encore.

Le tournage a lieu en Égypte. Coluche interprète, dans cette charge antimilitariste, un officier fou, chirurgien malhabile et meurtrier par goût du pouvoir.

Il est ravi de tourner. Le climat, le scénario, son rôle de schizophrène, tout lui plaît. Il sait qu'il peut renouveler sa performance de *Tchao Pantin*.

Malheureusement, le tournage tourne à la catastrophe. Et pas une seconde à cause de Coluche qui se sent d'autant mieux dans sa tête et dans son corps qu'il se passe d'héroïne. Il est en train de gagner son grand combat.

Mais tout le reste se passe mal : l'acteur italien tombe malade, le film est interrompu, Risi a des problèmes avec les producteurs italiens auxquels il n'impose pas sa volonté. Plusieurs scènes sont retournées. Au montage, on supprime quelques-uns des plans importants, ôtant ainsi de la cohérence au résultat final.

Mal fagoté, *Le Fou de guerre*, présenté à Cannes pendant le Festival en mai 1985, sera un échec critique et public.

Cependant, Coluche y est formidable et tout le monde le dit. Il « donne » quelques superbes prestations qui confirment définitivement – dans un contexte ô combien difficile – sa qualité de comédien superbe et inspiré.

Il sait qu'il a atteint une nouvelle dimension, que désormais tous les rôles lui sont possibles. Dans la vie aussi. Le plus noir que noir des années noires se teinte enfin. Il renaît.

RETOUR

There's a crack in everything
That's how the light gets in.
Leonard Cohen

Une émission de télévision avait marqué le paroxysme de sa dérive. Une autre émission allait sonner, là encore sans ambiguïté, les cloches triomphales de son retour.

19 juin 1983. Michel Polac l'invite à son émission tumultueuse du samedi soir, « Droit de réponse ».

La télé, ça commence à faire un bout de temps qu'il n'y est plus invité. Elle lui manque. En plus, « Droit de réponse », avec ses engueulades, ses apostrophes, ses questions et ses réponses qui ne se croisent pas toujours dans le bon ordre, sa liberté de ton apparente, c'est une émission taillée sur mesure pour lui. En tout cas, il le croit.

Paul Lederman, l'ami de toujours, celui sur lequel il peut compter, celui qui ne lui fera jamais faire de « grosse connerie » parce qu'il a l'art de les flairer, ne circule plus trop dans son paysage.

Paul Lederman attend sagement que Coluche revienne vers lui. Il continue de l'aimer, mais il garde ses distances puisque c'est ce que l'autre souhaite.

Dommage. Car s'il lui avait demandé conseil… si Paul avait dit ce qu'il pensait de tout ça… Dommage, mais on est dans une période où Coluche ne demande pas conseil. Et où, de toute façon, il n'en tient pas compte.

Quelques hommes politiques sont également invités. Ils vont se dérober dans les jours précédant l'émission.

Reste Coluche qui ne se dégonfle pas, deux ou trois figurants, style socialiste égaré, et quelques journalistes de taille : Dominique Jamet, Jacques Derogy, Renaud Matignon du *Figaro*. Des « costauds » qui n'avaient pas hésité à l'attaquer violemment à l'époque de la campagne présidentielle.

Et aussi le père Di Falco dont on se demandera vite ce qu'il vient faire dans ce jeu de massacre, plus l'incontournable Jacques Séguéla, invité à défendre Coluche.

Car le thème de l'émission est sans ambiguïté : « Faut-il se débarrasser de Coluche ? »

Coiffé d'un serre-tête en mousseline rose bonbon, vêtu d'un smoking-short blanc, sur les épaules une cape genre justicier, les moustaches passées au bleu et les joues au fard, entouré de quatre gardes du corps qui ont endossé la panoplie de Zorro, et de quatre strip-teaseuses, « l'homme à abattre » fait une entrée remarquée.

Il va vite déchanter, non pas sous la violence et la qualité de l'opposition, mais abattu comme en plein vol par la médiocrité du débat qui s'instaure.

Les figurants ont droit à la parole bien plus que les journalistes qui, très vite, s'en passent volontiers !

Une antiquaire parisienne, deux Belges, un parlementaire socialiste, l'humoriste Jean-Yves Lafesse s'attaquent à Coluche. Comme ils peuvent, c'est-à-dire sans brio. Aucun des invités, soigneusement choisis par Polac, ne semble d'accord sur le thème du débat ! Aux uns, on a « vendu » : « Peut-on rire de tout ? », aux autres : « L'humour et la politique ». À d'autres encore : « Faut-il se débarrasser de Coluche ? » Difficile de s'y retrouver ! Ce pourrait être une mascarade, c'est pire encore !

Le débat s'enlise dans la bêtise et la confusion. « Je vous crache au cul au nom de tous les comiques morts à essayer de vous faire rire », éclate Coluche devant tant de mollasserie. Il est désarmé par la complaisance, la peur et le manque d'inspiration qu'il lit dans le regard et les questions de ses adversaires.

Il essaie d'être drôle mais, en face, il n'y a pas de répondant : il s'écrase au sol.

Il sort des pistolets à eau, des confettis pour remplacer son verbe devenu inutile. Au bout d'une heure, lassé, décontenancé, il s'en va après avoir mimé un faux suicide.

Le lundi, Martin Peltier raconte « l'hécatombe » dans *Le Quotidien de Paris*.

« Trois personnes se sont montrées dignes samedi soir, à "Droit de réponse" : Dominique Jamet, qui s'est contenté de deux questions claires pour embrouiller deux messieurs troubles, le père Di Falco, responsable de *Chrétiens médias*, qui a quitté le plateau dès qu'il a eu la parole, et Coluche lui-même, qui l'a imité quelques minutes plus tard, après un suicide au Ketchup.

Coluche mort, pas mort : les "Bandar Log" qu'il a laissés orphelins sur le plateau en ont discuté abondamment. On a dit qu'il était parti parce qu'il se trouvait mauvais. Et c'est vrai qu'il était un peu en dessous de lui-même : mais comment faire rire avec d'aussi mauvais faire-valoir ? Il s'attendait à des baroudeurs, à des agressifs : on lui présenta des discursifs, des paumés, des admirateurs. Le lion n'avait que des méduses à se mettre sous la dent. Il avait préparé quelques petites piques politiques : elles tombèrent à plat, une partie de l'assistance acquiesçant mollement, l'autre faisant mine de ne rien entendre, dans un silence prudent [...]. »

Après avoir soigneusement « arrangé » les participants, Martin Peltier s'en prend à Polac :

« [...] dans le rôle de la poule piqueuse ou du chacal qui suit la gazelle malade, il fait toujours merveille : c'est en quelque sorte un agent de la sélection naturelle sur les ringards qu'il a artificiellement sélectionnés. Quant à Coluche, il s'est bien gardé d'y toucher parce que le personnage peut être dangereux du fait qu'il est imprévisible.

» Polac se comportait avec lui comme une grand-mère présentant à ses amies son mauvais garnement de petit-fils à moitié mal tourné mais dont elle est quand même fière tout en en ayant peur. Chinez-le, mon petit, mais pas trop. Tous les participants ou presque, à leur tour, craignant le ridicule, songeant à leur image, essayaient de récupérer le malheureux comique, mais en le tenant à distance, de le récupérer en quelque sorte avec des pincettes (il faut savoir faire la part des choses, séparer le rire des matières sérieuses, que diable !). À ce petit jeu ridicule, Séguéla fut sans doute le plus brillant, la bouche pleine de poésie et de communication, au point de gêner son poulain tant qu'il fut là et de faire sourire les honnêtes gens en fin d'émission [...]. »

Dans *Le Matin de Paris*, Jacques Martin s'emporte, lui, dans une vraie colère. Le titre de son brûlot : « Non-assistance à comique en danger. » Il ne pardonne pas à Polac d'avoir entraîné Coluche dans son piège du samedi soir :

« Dis, Polac... Tu sais que tu risques les "assiettes" pour meurtre avec préméditation, des fois qu'après ton émission Coluche se démaquille à la chevrotine comme son pote Dewaere...

Dis, Polac, si Lacan était pas aux asticots, il t'aurait expliqué que quand on réunit du monde pour leur demander : peut-on se débarrasser de Coluche ?, ça veut dire qu'on pose la question à d'autres pour voir si quelqu'un ne répondrait pas oui à votre place. Je te dis pas que le Polac qu'on voit a eu idée de tuer Coluche, mais l'autre Polac, qui est caché à l'intérieur de la peau, celui qu'on ne peut pas voir, même à la radioscopie…

C'est une idée qu'on a tous de tuer les comiques. Parce que le comique rit de ce qui nous fait peur, alors on le hait. Mais, samedi soir, monsieur Polac, tous ceux-là réunis pour l'assassinat… ils ne l'ont pas fait. Par respect humain. Et, pourtant, il y avait des épées dans le groupe : Dominique Jamet, Derogy de *l'Express*, Renaud Matignon, celui du *Figaro*, qui n'a pas l'air tendre. Des grandes plumes. Pas un n'a dégainé. Chapeau, messieurs, la presse écrite a encore de l'honneur […]. »

Ce soir-là, face à ce piège infernal pour n'importe qui d'autre, même en bonne santé morale, on a ressenti les failles de Coluche, son « dérèglement », comme jamais.

Ce soir-là, on a pu douter. Au moins, se poser la question : et si son génie de l'humour, de la dérision, avait sombré avec lui ?

Vingt-trois mois plus tard, exactement, le 17 mai 1985, il donne la réponse…

Invité au « Jeu de la vérité » de Patrick Sabatier, il y fait un numéro éblouissant de sincérité, de drôlerie, d'émotion, de justesse.

L'émission n'est pas facile, on le sait. Surtout pour les personnages aux vies bien remplies et parfois d'excès. Les Alain Delon – il y est passé –, les Bernard Tapie – il y passera – jouent gros sur ce genre de fil meurtrier. Ce sont les téléspectateurs qui posent les questions et il arrive toujours un moment où ils sont incontrôlables. La force du direct. Ils ne sont pas impressionnables non plus puisqu'il y a le plus souvent la barrière du téléphone. Enfin, un téléspectateur n'est pas policé comme un journaliste. Il ne sait pas, lui, parce qu'on ne le lui a pas inculqué, qu'on ne pose pas certaines questions.

Pendant un peu plus d'une heure et demie, le risque vous encercle de toutes parts. Il guette en permanence. Dans un regard, un mauvais sourire, un geste d'énervement...

Chantal Goya y a appris qu'en une seule émission on pouvait tout perdre : sa gloire, sa popularité et sa carrière !

Quand « Le jeu de la vérité » commence dans un salon du Palais du septième art à Cannes, il n'y a plus une place de disponible et, dehors, des milliers de personnes enragent de n'avoir pu entrer.

Ravis et désormais sûrs qu'ils vont avoir du spectacle, les téléspectateurs découvrent sur l'écran une énorme chaise de bébé dans laquelle Coluche ne va pas tarder à s'asseoir ! Le voilà, vêtu sans extravagance : un pantalon et un tee-shirt gris, une longue veste de satin rouge, aux revers noirs, des baskets aux pieds, quelques badges dont celui de SOS-Racisme et c'est tout. Il semble à la fois concentré et inquiet, déterminé mais conscient de l'enjeu. Depuis *Tchao Pantin*, depuis le combat engagé victorieusement contre la drogue, il y a eu d'autres films et d'autres succès. Il est redevenu lui-même. Il serait même un peu plus fort. Plus maître de lui. Tout cela, il reste à le concrétiser ce soir, en moins de deux heures. Pas question de se « planter », le moment est on ne peut plus grave, décisif.

Ses yeux et ses mains traduisent son anxiété, mais dès qu'il ouvre la bouche, il se montre tonique, plein de vie et de force nouvelle.

Sabatier lui demande, comme c'est la tradition en début de chaque émission, de jurer de dire la vérité, toute la vérité, rien que la vérité.

« Faites bien attention avec vos questions, alors, lance Coluche dans un grand éclat de rire, parce que je vais la dire, la vérité ! [...] Aujourd'hui, on me demande de dire la vérité, tu penses que je vais pas rater l'occase ! »

Il lève la main et jure puis, d'un revers méprisant de la main, balaie les deux jokers auxquels les candidats ont droit s'ils veulent éviter des questions trop gênantes. Lui ne s'en servira pas.

Assis sur sa chaise de bébé, il peut commencer son festival.

La violence ? « Il faudrait taper moins fort, surtout la police. Pour moi, les gens les plus violents, ceux qui ont des armes, c'est surtout la police. Ils doivent plus avoir à boire dans les commissariats : ils sont tous dehors ! [...] On entend toujours les hommes politiques dire qu'il faut changer la mentalité des Français. Commençons par changer la police ! »

La drogue, est-ce qu'il y a touché ? « J'ai goûté à tout ce qui existe, sauf oubli ou omission. J'ai été alcoolique à peu près quinze ans, après ça, j'ai goûté aux drogues, tout ça, c'est vrai que c'est plus facile d'en prendre que de s'arrêter [...]. C'est mal. En tout cas, moi je trouve ça pas bien ! »

Presque craintivement, Sabatier lui demande pourquoi il est tombé dans la drogue : « Parce que je suis une nature excessive et que si je fais un truc, j'le fais trop. Alors, j'ai mis le nez dedans, après j'ai mis la tête, j'en ai eu plein les oreilles. Voilà. Mais j'en ai pas honte, c'est ça qu'est pire. »

Dans la salle encore pleine de rires et de claquements de mains, il y a quelques minutes, quand il régalait tout le monde de son ironie et de sa joie de vivre retrouvée, plus personne ne rit et on n'oserait pas applaudir. Tout le monde sent que le moment est grave. Solennel. C'est d'une confession qu'il s'agit. Mais d'un genre particulier, car l'homme au regard plein de décence qui se confesse en ce moment le fait devant des millions de personnes.

Patrick Sabatier, de plus en plus solennel, lui aussi, retrouve un peu de voix pour enchaîner une autre question. Et c'est la drogue qui revient.

Comment a-t-il guéri ? Où a-t-il trouvé la force de se soigner ? « Au début, c'est horrible ! Et puis, peu à peu, ça devient de plus en plus dur. On re-craque un petit peu, on s'arrête un peu. On replonge un peu. Moi, j'ai arrêté de boire un jour où j'ai failli me noyer dans un caniveau [...]. J'ai arrêté la drogue à un moment où j'allais y jouer ma vie et ma carrière. Et que j'ai pas eu envie de ça... »

L'ambiance virerait carrément à la sinistrose s'il ne décidait lui-même de réclamer d'autres questions. Même et surtout des questions qui le bousculent.

Quelques jours plus tôt, une jeune femme a été violée par quatre voyous dans un train. Pas un voyageur n'est intervenu. On lui demande ce qu'il aurait fait s'il s'était trouvé dans ce wagon. « J'aurais essayé de virer les voyous pour me taper la gonzesse... », lance-t-il d'abord avec un rire grinçant. Tout de suite, il se reprend, redevient le Coluche cent pour cent nature qui s'offre à des millions de regards, ce soir :

« Non, sérieusement, si les quatre mecs avaient été méchants et armés, je crois que j'aurais fait comme les autres, j'aurais fermé ma gueule... »

L'aveu n'est pas facile à faire, mais il a décidé d'aller jusqu'au bout de sa sincérité : « Je suis comme vous, je suis révolté que les mecs aient rien fait, mais j'en sais rien de ce que j'aurais fait... »

Pas une seule fois il ne tentera de s'en sortir par une pirouette. Même si, maintenant, il faut redevenir drôle.

On lui parle de grossièreté, il répond que ça ne s'apprend pas, que lui n'a pas appris. Quand il lance un « bite, couille », c'est juste pour choquer un peu… mais il y a tellement de malice dans son regard ! Le public rit de bon cœur et lui aussi quand il enchaîne : « Trou du cul, c'est un gros mot, mais oreille, non. Pourtant, c'est aussi un trou ! » Ou encore : « Bite, c'est un gros mot… y en a pourtant de toutes petites ! »

Au passage, il marque tout de même la différence entre grossièreté et vulgarité et précise, pour ce qui le concerne : « Je ne suis pas très doué pour la vulgarité. »

Même quand on aborde l'homosexualité, il ne se dégonfle pas : oui, il y a goûté, mais il reconnaît aussi qu'il n'était pas très doué pour ça non plus…

Quand l'émission se termine après avoir pulvérisé les records d'audience et les records d'appels, plus personne n'en doute : Coluche est de retour, il vient de naître une seconde fois. Et comme s'il voulait encore s'en convaincre lui-même, il s'en va sur une jolie petite phrase à laquelle on ne fait pas trop attention : « Mon projet le plus important, c'est de continuer à vivre. »

Nous sommes le 17 mai 1985. Il ne lui reste plus que treize mois…

Il va les vivre comme un bolide ! Incroyable ce qu'il a pu faire de ce tout petit peu de temps.

Il va enfin, et pour toujours cette fois, se remettre dans les mains si amicales de Paul Lederman. Il n'aura jamais été bien loin, Paul, mais quand même… Pendant ces quatre années, même s'il en a souffert, il a respecté la distance que Coluche avait instaurée entre eux.

C'est fini, maintenant ? Bien fini ? Alors, qu'il vienne le lui dire. Normal. Agir ainsi, c'est faire acte de respect envers le nouveau Coluche.

Ils vont repartir ensemble, mais avant, Paul lui aura tout dit. Tout ce qu'il a à lui reprocher, les conneries que l'autre a faites… et sur quatre ans, il y en a un certain nombre !

Le déballage a lieu au téléphone, et Coluche accepte tout, même s'il « gueule » un peu pour le principe.

Il revient aussi vers les vieux copains d'avant qui, tous, reviennent vers lui. Il relance Paul qui finit par lui donner ce que tous deux attendent depuis si longtemps : oui, ils vont retravailler ensemble, repartir à l'assaut des music-halls et des triomphes. Il y croit tellement, Coluche, et il sait tellement à quel point il s'est trompé qu'il signe, au bout d'une nuit de folie, sur une table de restaurant, un contrat à vie avec Paul Lederman ! Lequel n'a, bien sûr, rien demandé : ce contrat à vie, c'est Coluche qui le veut. Pour dire : je me suis trompé mais tu peux me faire confiance, plus jamais je ne repartirai.

Déjà, ils envisagent des salles : Coluche verrait bien le Zénith.

Le 15 juin, il anime, place de la Concorde, le concert de SOS-Racisme devant plus de six cent mille personnes ! On lui fait une ovation. Il est le roi de la fête : tous, ils ont envie de lui dire un mot, de le toucher, de croiser son regard, de lui montrer que sa renaissance leur fait chaud au cœur. Il est ému, bien plus qu'il ne veut le montrer. Il vient de se retrouver un vrai public. Ça lui manquait.

Après avoir renoncé au rôle d'Ugolin, dans *Jean de Florette*, que lui offrait Claude Berri, il a vite su qu'il se trouvait désormais en rupture avec le cinéma. On ne dit pas non impunément à une telle proposition.

D'ailleurs avait-il dit non ?

Dans *Première*, Marc Esposito donne sa version au cours d'un long article consacré à sa carrière cinématographique :

« Trois ans plus tôt, Coluche était au sommet. En 1985, le voilà dans le creux de la vague. Trois échecs consécutifs, pour une vedette de son prix, ça fait beaucoup. Quand il réclame plus d'un milliard de centimes pour être Ugolin dans *Jean de Florette* (c'est finalement Daniel Auteuil qui tiendra le rôle), Claude Berri, furieux, refuse. Coluche se retrouve sans un seul projet excitant... Coluche venait de retrouver sa cohérence, son moteur intérieur, et il allait sûrement aller très loin, très haut. Sa carrière cinéma aura finalement correspondu à une longue déprime qui l'a artificiellement éloigné de sa voie naturelle. Il n'a jamais pris le cinéma vraiment au sérieux, il n'a jamais ressenti aucune ivresse particulière à jouer face à une caméra, l'introspection et le dédoublement ne l'ont jamais passionné et il était sûrement trop peu sincère et motivé pour réussir durablement dans le cinéma. »

Mais Claude Berri, metteur en scène de *Jean de Florette*, n'a apparemment pas perçu les choses de la même façon. Pour lui, le refus était partagé. Les hésitations comme les envies se situaient des deux côtés :

« Pour *Jean de Florette*, nous avons fait des essais que je montrerai certainement un jour. Le problème, c'était l'accent. J'aurais voulu qu'il joue Ugolin : ça remonte à il y a quatre ans, je lui avais parlé du projet, sans doute parce que je ne voyais les choses qu'à travers lui ou que je l'aimais énormément.

Il voulait le faire pour me faire plaisir, mais il n'avait jamais lu les livres. Les années ont passé, il y a eu le succès de *Tchao Pantin*, la tête lui a un peu tourné, il était plus irritable. Il y a deux ou trois mois, il m'a téléphoné pour qu'on déjeune ensemble, c'était après le tournage de *Jean de Florette*, il m'a dit : “Je ne touche plus à rien.” C'est vrai qu'il arrivait qu'on s'engueule, au moment des essais, pour *Jean de Florette*, mais avec son charme, il me retournait comme une crêpe. C'est vrai aussi qu'il avait des exigences financières énormes, mais ce n'était pas l'essentiel : les vrais obstacles, c'est que le tournage était long, qu'il y avait deux parties, ce qu'il ne comprenait pas bien, mais surtout, instinctivement, il sentait que Coluche jouant avec l'accent du Midi, c'était bidon[1]. »

Son triomphe de la Concorde est en tout cas un signal : il doit vite renouer avec son public. Sur scène, mais aussi à la radio. Il n'a pas oublié le contact magique avec les auditeurs d'Europe 1 en 1978. Il doit retrouver ça très vite.

Hélas, il ne suffit pas de le vouloir, Lederman se charge de le lui faire comprendre. Il a laissé un certain passif à Europe 1 et ils ne sont pas nombreux ceux qui, à la tête de la station, souhaitent tenter une nouvelle expérience. Quand Lederman évoque la chose avec Jacques Abergel, directeur général de la station, la réponse n'est pas enthousiaste :

« Il est ingérable. Je n'ai pas encore envie d'avoir des emmerdes comme en 1978 où sa collaboration s'est mal terminée. »

Patiemment, Paul tisse tout de même sa toile. Il met Coluche en condition, l'entraîne – tel un boxeur – à se contrôler, afficher une mentalité et des points de vue plus sereins. Il l'aide à se forger un visage rassurant avant de lui organiser un déjeuner décisif avec Abergel et Pierre Barret, le président d'Europe 1.

Là, le 13 juin 1985, au restaurant du Plaza Athénée, il est soumis à un feu de questions. Sa santé, son état moral, sa situation par rapport à la drogue. Il accepte toutes les questions sans rechigner. Il sait, Paul le lui a longuement expliqué, que c'est l'unique solution pour

---

1. *Les Cahiers du cinéma*, juillet 1986.

obtenir ce qu'il veut. Il accepte même de s'expliquer sur ses excès de 1978 !

Il le fait calmement, de façon convaincante, mesurée. C'est bien joué ! À l'issue du déjeuner, il est engagé en remplacement de Drucker et à l'essai pendant un mois et demi, durée des vacances de l'animateur vedette d'Europe 1.

La tranche horaire ? de 10 h 30 à midi. Son salaire ? Cent cinquante mille francs mensuels. Quand il sort du restaurant et annonce la bonne nouvelle à Lederman, celui-ci bondit : cent cinquante mille francs, pas d'accord.

Accompagné de son artiste, il fonce dans le bureau d'Abergel et en obtient cinq cent mille en quelques minutes !

Le 8 juillet, Coluche retrouve le micro d'Europe 1 et il dissipe d'entrée toute ambiguïté :

« Ceux qui croiraient que je viens encore pour me faire virer, ceux-ci se gourent ! Cette fois, je viens pour rester un petit peu. »

Pour le reste, il retrouve instantanément ses habitudes, virevolte entre deux « méchancetés », rayonne de bonheur d'être là, assis de nouveau derrière le micro d'une station de radio. C'est la chanson de Renaud pour l'Éthiopie qui a l'honneur d'être programmée en premier. Une action humanitaire à laquelle ont participé des dizaines de vedettes, pas tous chanteurs professionnels.

« Y a ceux qui chantent juste et ceux qui chantent tout juste », commente Coluche. Quand il fait sa première revue de presse, on comprend tout de suite qu'il n'a pas changé de cible : « Un CRS qui avait violé une gonzesse : on a décidé de ne pas le déranger. On va juste le muter, comme ça, il pourra changer de gonzesse ! »

Il n'a pas changé de ton non plus, mais il est devenu plus humain. Comme le dira joliment Jacques

Chaban-Delmas après sa mort : « Il était de ceux que le malheur n'a pas aigris mais éduqués. »

L'important, c'est que ses auditeurs le sentent.

Il y a toujours les bonnes grosses blagues, les jeux de mots foireux, les plaisanteries salaces, mais il y a autre chose aussi. On s'adresse à lui plus volontiers pour lui exposer des sujets de société : le chômage, le vol, la faim dans le monde, la violence... Personne n'a oublié sa gravité et la décence dont il a fait preuve au « Jeu de la vérité ». À ce Coluche-là, on a envie de parler de tout, et surtout, on a envie de demander conseil.

Le cocktail est si bien réussi qu'à partir de septembre il est engagé « ferme » pour six mois. Pour l'été, on lui a adjoint Maryse, la blonde et douce épouse de Philippe Gildas. Elle travaille tout au long de l'année avec Michel Drucker. Et auparavant elle donnait la réplique à Christian Morin. Elle est la complice parfaite, l'élément toujours indispensable d'un duo, quel que soit l'autre.

Avec Coluche, elle va avoir un rôle primordial parce qu'apaisant. Elle sait qu'il lui faudra parfois jouer les garde-fous mais elle se sent prête. L'émission a beau s'appeler « Y en aura pour tout le monde », il ne faut pas trop de débordements. Tout de suite, comme par instinct, Coluche se soumet à Maryse. À une certaine distinction, une certaine hauteur qui ne sous-entend rien de méprisant mais qui en impose.

Au tout début de leur collaboration, avant qu'elle devienne complicité, il tente bien quelques grossières plaisanteries et s'évertue à la choquer à deux ou trois reprises.

Maryse le remet fermement en place et l'affaire est aussitôt réglée : plus jamais Coluche ne s'amusera à roter devant elle et autres provocations de ce genre...

En quelques jours, la jeune femme douce et à l'oreille si attentive devient indispensable au comique renaissant qui a tant besoin de se confier.

L'émission terminée, ils restent encore un bon moment ensemble. Coluche ne va pas la quitter. Il aime lui parler, lui confier ses angoisses, ses doutes, laisser entrevoir ses failles.

Maryse devient une intime, presque malgré elle. Même si elle s'attache aussi à ce type si émouvant dans sa fragilité. En septembre, Michel Drucker reprend son émission et son créneau horaire. Il reprend aussi Maryse tandis que « Y en aura pour tout le monde » se retrouve programmé l'après-midi. Quand elle annonce à Coluche qu'elle le « quitte », les choses se passent très mal. Philippe Boggio, dans son *Coluche*, raconte :

« À cette nouvelle, qu'elle ne lâche qu'au dernier moment, un vendredi, bien sûr, il explose, la joue d'abord à l'autoritarisme brutal. "Tu te démerdes ! À lundi !" Malheureuse, Maryse rentre chez elle. Coluche a été plus rapide. La concierge de l'immeuble, affolée, explique à l'animatrice que le palier et l'entrée de son appartement sont jonchés de gerbes de fleurs. Un petit mot, une feuille de cahier d'écolier, une grosse écriture d'enfant. "S'il te plaît, reste ! Mimi, le plus gentil." Comment résister ? Maryse appelle Michel Drucker. Elle restera avec Coluche. Sans apprécier, Drucker comprend. "Je n'ai pas regretté, ajoute-t-elle. Coluche était un être rare, il ne faut pas passer à côté d'un être rare"[1]. »

À le voir de nouveau si bien dans sa peau, si débordant d'énergie, qui imaginerait qu'il a touché le fond ?

Il y a un an, malgré le succès de *Tchao Pantin*, qui allait le relancer, c'était encore un mort-vivant.

---

1. Philippe Boggio, *Coluche*, Flammarion, 1991.

Aujourd'hui, Gildas peut s'écrier : « Le grand Coluche est de retour ! »

Mais qui saura jamais le combat qu'il a mené pour se sortir de son enfer, celui de la drogue !

Quand il dit au « Jeu de la vérité » : « J'ai mis le nez dedans et puis après, j'ai mis la tête, j'en ai même eu plein les oreilles. Aujourd'hui, je m'en suis sorti. Heureusement, j'ai des amis qui m'ont aidé... Le plus important, c'est être aidé », il ne dit pas tout. Et même, il ne dit rien sur sa part de lutte à lui. Ses meilleurs amis racontent à sa place :

« En été 1984, sa décision est prise. Pour lui-même. Pour son équipe qui végète depuis qu'il effectue sa traversée du désert. Pour le public, sans doute, envers lequel il se sent une grande responsabilité. Michel veut s'en sortir. Il le dit depuis un an. Cette fois il profite des vacances pour arrêter. Il sait qu'il lui faudra au moins six mois, car il ne veut pas subir de cure de désintoxication. Un de ses amis, médecin, l'aide, lui prescrit des substituts légers. Conscient de s'être laissé aller de son propre gré au cycle infernal du "poison", Michel ne veut compter que sur sa propre volonté.

1984 s'écoule. C'est pour lui un vrai calvaire, car il ne veut ralentir aucune de ses activités. Au contraire ! Il se lance dans le sport, se force à manger sainement et à maîtriser un rythme de vie propice à son rétablissement. Malgré l'état de manque dans lequel il se trouve, il continue à paraître en public. Son humeur est instable mais s'améliore au fil des mois. Vers la fin de l'année, Michel sait qu'il est enfin libéré[1] ! »

Pour mener le combat et le gagner, il a même choisi de faire du sport ! Il ne va pas le regretter : la nouvelle forme physique se trouve, pour la première fois de sa

---

1. Philippe Boggio, *op. cit.*

vie sans doute, en plein accord avec sa passion de toujours, la moto. Avec ses premières économies de fleuriste, et alors qu'il n'avait même pas le permis, il s'était acheté une 250 Yamaha.

Beau-frère de René Metge, futur triple vainqueur du Paris-Dakar, il avait eu le privilège, dès l'adolescence, de pénétrer sur tous les circuits. Depuis, sa passion n'a pas faibli. Les motos, il en a possédé des dizaines, il les bichonne, les couve des yeux, adore rouler, comme ça, pour rien, le jour ou la nuit. Il continue de les aimer.

Quand un de ses copains, Érick Courly, journaliste-essayeur à *Moto 1*, une revue dans laquelle Coluche a investi, lui signale quelques records du monde de vitesse qui n'ont pas été battus depuis dix ans, l'idée jaillit, immédiate :

« C'est exactement ce qu'il me faut. Les doigts dans le nez, je vais m'en battre un ! »

On se met en quête d'un circuit officiel, assez long et rapide : ce sera Nardo, en Italie. On déniche des chronométreurs. Coluche achète une moto de compétition : une OW 31. Un monstre... quelque peu désuet. Il atteint péniblement 180 km/h après plusieurs essais mais, contre l'avis de tous, refuse d'en changer. Le record du monde, il le battra avec son antiquité.

Une bonne cinquantaine de personnes, en plus des officiels, commissaire et chronométreur, se retrouve à Nardo le 29 septembre 1985 pour voir Coluche s'attaquer au record du monde du kilomètre lancé, catégorie 750 cm^3.

252,087 km/h de moyenne, une pointe à plus de 300 km/h ! Le record est battu !

Le gros comique bouffi de dérision redevient le gosse de Montrouge. Il descend de sa moto en larmes, tombe dans les bras de son pote, Érick qui, lui, vient de battre le record du mile.

Demain, les journaux titreront : Coluche à 300 à l'heure !

Mais s'il pleure, c'est parce qu'il sait aujourd'hui qu'il est redevenu un homme à son idée. Pas parce qu'il est devenu un champion.

Qu'elle est belle, décidément, cette année 1985 ! Europe 1, le record du monde, Lederman enfin retrouvé et pour toujours, Canal+ qui lui offre désormais un quart d'heure d'« Infos » façon Coluche, de 20 heures à 20 h 15...

Le plus beau reste à venir. Il n'est pas loin, à portée de main, et arrive un jour comme un autre, dans le cri de désespoir d'un auditeur.

Pour que tout change, il suffit parfois d'un rien. Un simple cri. Un sanglot dans une voix anonyme.

LE CŒUR SUR LA TABLE

Il était de ceux que le malheur n'a pas aigris mais éduqués.

Jacques Chaban-Delmas

Quand on me dit qu'il ne respectait rien, je réponds : il respectait l'essentiel.

L'abbé Pierre

C'est un peu comme si les uns et les autres, ceux qui sont dans le malheur, avaient compris tout de suite le double sens du « Y en aura pour tout le monde ».

Compris avant Coluche ? Pourquoi pas ?

« Y en aura pour tout le monde », dans son langage, comme dans son esprit, ça voulait forcément dire qu'une fois de plus il n'épargnerait personne.

On avait le droit d'y entendre autre chose. Une volonté d'aider les autres, de leur ouvrir son cœur. De leur prêter, pourquoi pas, ses bras…

Le Coluche version 1985 porte trop en lui son humanité et sa tendresse pour les cacher au regard de ceux qui souffrent.

À Europe 1, les appels se font vite pressants. On lui demande de l'aide. Des chômeurs appellent régulièrement. Des gosses démunis de tout. On lui téléphone ou on lui écrit. Chaque lettre le bouleverse. D'autant plus qu'il ne peut rien pour tous ces malheureux. Quelques mots apaisants, trois lignes pour dire qu'on pense à eux, qu'on les aime.

Si, quand même. De plus en plus fréquemment, mais en secret, il met sa main à la poche. Un petit chèque par-ci, un petit chèque par-là.

De bonnes actions presque furtives. Comme s'il en avait honte ! Comme s'il sentait que tout cela, ce n'est décidément pas grand-chose. Qu'il y a bien plus à faire… Mais comment ?

C'est un après-midi de septembre. La campagne en faveur de la lutte contre la faim en Éthiopie bat son plein. À l'autre bout des ondes, le type anonyme parle d'une voix tremblante : « C'est très bien ce que vous faites, mais savez-vous qu'en France il y a des gens qui ne mangent pas à leur faim ? Vous entendez, ici, chez nous, pas à leur faim ! »

L'homme est au bord des larmes. Coluche est sans voix. Ça ne se fait pas à la radio mais il laisse un « blanc » insoutenable. Il ne sait que répondre. Bouleversé, frappé par le cri qu'il vient d'entendre, il balbutie enfin quelques mots, dit « vous » à l'homme, lui qui, d'habitude, tutoie tout le monde !

Ceux qui l'entourent le voient en larmes. Il pleure de ne rien pouvoir répondre au malheur. L'émission est terminée. Déjà, il sait qu'il va faire quelque chose. La faim. C'est toujours là qu'on revient. Il y a des gens qui crèvent de faim ? On va leur donner à manger !

Le 26 septembre, son idée résonne soudain dans le micro d'Europe 1.

Inconsciemment, il la porte en lui depuis dix-huit mois. Depuis qu'il s'est trouvé avec trois millions de francs d'impôts à payer d'un coup et qu'il a eu envie de les dépenser en « bouffe » pour nourrir des pauvres.

De la folie ? Peut-être. Mais ce qu'il propose à l'antenne d'Europe 1 n'a rien à voir avec un délire quelconque. C'est du solide, du raisonnable, du raisonné :

« Y a un truc qui commence à m'échauffer sérieusement. C'est qu'on a reçu beaucoup de courrier de chômeurs qui disaient : “Vous chantez pour Médecins sans diplôme, mais tout le pognon s'en va à l'étranger. Quand est-ce que vous allez chanter pour les chômeurs ?” Et j'ai une petite idée comme ça. Si des fois y a des marques qui m'entendent : je ferai un peu de pub tous les jours. Si y a des gens qui sont intéressés pour sponsoriser une cantine gratuite, qu'on pourrait commencer par faire à Paris, puis qu'on étalerait dans les grandes villes de France. Nous, on est prêts à aider une entreprise, comme ça, qui ferait un resto comme ça. Qu'aurait comme ambition de faire deux mille, trois mille couverts par jour, gratuitement. Alors, tous ceux qui sont intéressés, qu'ont des grosses cantines, qu'ont des restos, tous ceux qui sponsorisent, avec des marques d'alcool ou n'importe quoi, qui voudraient nous contacter pour ça, on est prêts à recevoir les dons, de toute la France même. Quand y a des excédents de bouffe à droite, à gauche, et qu'on les détruit pour maintenir les prix sur le marché, à ce moment-là, nous, on pourrait peut-être les récupérer. Voir ce qu'on peut faire avec les agriculteurs qu'ont des excédents, ou avec les sponsors. Et puis, on essaiera, un jour, de faire une grande cantine, peut-être cet hiver. Gratos. Voilà. Je lance l'idée comme ça… »

Pris de court, les patrons d'Europe 1 ne peuvent pas, de toutes façons, le laisser tomber. Il les a engagés en même temps que lui ! Sans leur demander leur avis ? La preuve qu'il n'est pas fou !

Quelques minutes après, les premiers appels arrivent : une vieille dame se propose d'aider bénévolement ; un restaurateur est prêt à ouvrir gratuitement le samedi et à servir des repas gratuits ; les centres Leclerc qui possèdent des excédents à ne plus savoir qu'en faire demandent un rendez-vous...

Le lendemain, des chèques arrivent, petits ou gros, libellés à toutes sortes de noms : l'organisation n'est pas encore en place.

Henri Nallet, ministre de l'Agriculture, téléphone à Coluche : il lui offre de le recevoir au ministère. Ils ont à parler.

De la France entière, maintenant, arrivent les offres de dons : de la nourriture sous toutes ses formes ! Des produits congelés, des œufs frais, des légumes, de la viande...

Au micro, Coluche relance son « défi » tous les jours. De nouveaux problèmes naissent. Comment transporter les marchandises ? On réagit au coup par coup. Besoin d'un train ? Coluche lance un appel au ministre des Transports et il obtient satisfaction !

Et puis, il faut créer une fondation, donner un nom à cette idée et lui donner, aussi, une identité officielle. Le mieux, c'est bien sûr d'en faire une association régie par la loi de 1901. Le nom ? Ils se réunissent à quelques-uns dans un bureau étroit et vite enfumé. Coluche, Aldo, Ludo, Paul Lederman, Claude Martinez, Maryse.

« On devrait appeler ça "les cantines du cœur" », propose Aldo. Lederman est contre. Trop misérabiliste selon lui, et il n'a pas tort. Il propose « Les restaurants du cœur ». Tout le monde est emballé.

Maintenant, il faut se donner les moyens de gérer tout ça : les techniques de l'agroalimentaire, c'est tout de même un vaste domaine !

Distribuer les repas, les garder frais, faire baisser les prix, organiser les bénévoles, dénicher les lieux de distribution... C'est Alexandre Lederman, le fils de Paul, qui est chargé de l'énorme tâche. Alexandre est étudiant à l'école supérieure de commerce de Paris. Il alerte les élèves de toutes les autres écoles de commerce implantées en France. À Marseille, Lyon, Nantes, Bordeaux, Lille, Rouen, Le Havre, des centaines d'étudiants s'organisent pour gérer les dons et organiser la distribution des repas. Pour eux, c'est un formidable stage d'apprentis gestionnaires !

Tandis que tous ces jeunes gens se lancent à ses côtés dans ce qui prend l'allure d'une bataille économique, Coluche bénéficie aussi de l'appui des politiques ! Peu importe leur couleur, leurs opinions. Ce qui compte pour lui, c'est ce qu'ils peuvent lui apporter.

Dès qu'un piège se dresse devant lui, il utilise la formidable pression que constitue son émission de radio. Ou il fait appel à ses appuis. Rien n'est gênant pourvu qu'il atteigne son but : trouver de la « bouffe » et en faire profiter ceux qui crèvent la faim.

Giscard d'Estaing passe le voir à Europe 1 et lui assure le soutien de l'UDF. Chaban-Delmas se démène de son côté tandis que Mme Chaban-Delmas collecte des dons auprès des industriels girondins. Le gouvernement socialiste veille quotidiennement sur l'opération en cours, et Gaston Defferre s'en occupe personnellement du côté de Marseille. Coluche est reçu au Sénat, au ministère des Finances, il est en contact régulier avec l'Élysée...

Les jours passent et il prend un peu plus conscience de la difficulté de la tâche : cent cinquante mille personnes à nourrir chaque jour pendant l'hiver ! Si l'on fixe le prix d'un repas à cinq francs, c'est sept cent cinquante mille francs qu'il faut trouver quotidiennement.

De plus en plus angoissé à l'idée d'échouer, il trépigne, s'y consacre jour et nuit, mais trouve toujours que les choses ne vont pas assez vite.

Lederman, aussi, s'énerve. À une semaine du début de l'hiver, ils obtiennent d'Europe 1 six heures trente d'émission consacrées aux Restos du cœur ! Les plus grandes stars défilent à l'antenne, lancent des appels émouvants. Montand, Belmondo, Johnny, Drucker, Guichard, Sardou, Macias, Sébastien... Nous sommes le 14 décembre 1985. Il reste sept jours avant le « grand départ ». Coluche, magique, a mis toute la France dans sa poche !

Son show incroyable, parti du cœur, est allé au cœur de tous au point que le voilà aujourd'hui avec cinquante millions de fans autour de lui !

Le 21 décembre, premier jour de l'hiver, le premier Resto du cœur ouvre dans un terrain vague du XIXe arrondissement de Paris. Il fait froid. La salle du « restaurant Coluche » n'est autre qu'une tente dressée sur l'emplacement de l'ancienne fabrique de cercueils de la ville de Paris. Des habitants du quartier sont venus en curieux, « pour voir ».

Des jeunes, sans travail, et qui aimeraient bien manger gratis, hésitent encore :

« On est pas des clodos, on fait pas la manche, quoi, merde ! »

Pour tant d'autres, un biscuit, une pomme de terre, un morceau de pain seraient les bienvenus. Quand ils voient s'ouvrir les fourgonnettes-Coluche, ils écarquillent les yeux : on en descend des rations enveloppées dans des sacs plastique – une baguette, une portion de viande en sauce, un paquet de chips, une pomme et un gâteau.

« Ce qu'il y a de formidable dans le système Coluche, c'est qu'on n'a pas honte de demander, dit un chômeur ; on vous donne sans attendre un "merci" en retour. »

Un peu plus tard, Coluche arrive, discret, presque gêné. Il vient voir comment les choses se passent mais ne veut pas avoir l'air de faire la tournée des popotes. Il n'est ni saint Vincent de Paul, ni l'abbé Pierre qui l'encourage avec tant de sollicitude et d'affection.

On lui doit un peu ? Il sait ce que lui-même doit à la vie et il a envie de crier merci pour avoir eu, enfin, l'occasion de rendre ce qu'on lui a donné.

Il sait aussi ce qu'il doit à tous ceux qui se sont jetés dans la bataille pour l'aider à la gagner. Tous ceux dont on a déjà parlé, mais aussi les centaines de bénévoles qui ont répondu à son appel, les mairies, les élus locaux, les associations de tous bords, de toutes tendances…

Rien que ce 21 décembre, grâce à eux, quinze mille repas sont distribués !

C'est fantastique et c'est en même temps si loin du but qu'il s'est fixé : deux cent mille repas gratuits par jour !

Il est bien décidé à réussir et s'en donne les moyens. De nouveau, il s'empare du micro d'Europe 1 et ne manque pas une occasion de rameuter des donateurs, des bénévoles, de lancer des appels à la solidarité. Et ça marche ! Quinze jours seulement après ce démarrage, ce ne sont plus quinze mille repas qui sont offerts chaque jour, mais soixante mille ! Ses Restos sont désormais implantés dans vingt-six grandes villes, et les dons se font de plus en plus nombreux.

« Avec l'opération Europe 1, dont on attendait un million et demi de francs, on a déjà rentré quatre millions et demi ! se réjouit-il. Et c'est pas demain la veille qu'on va s'arrêter ! »

Surtout, qu'on ne vienne pas parler devant lui de charité :

« C'est pas de la charité, mes Restos, clame-t-il, c'est de la redistribution. Merde alors ! Ça leur appartient aux gens, la bouffe que je leur refile. Dans leurs impôts, ils paient pour les excédents alimentaires, non ? »

À la fin du mois de janvier 1986, il n'a, hélas, toujours pas atteint les deux cent mille repas par jour. Alors, il va frapper un coup énorme : organiser un énorme show télévisé avec pour thème les Restos du cœur.

On n'en a pas eu conscience alors, mais une chose est sûre désormais : s'il n'y avait pas eu cette idée et la fantastique réussite du show, les Restos du cœur auraient échoué…

Un show comme on n'en a jamais vu de mémoire de professionnel de la télévision. Un énorme pari qu'il lance, comme ça, au débotté, aux organisateurs des programmes qui, pour lui, pour l'avoir, vont désorganiser leur grille justement et collaborer – une fois n'est pas coutume – à la plus extraordinaire, à la plus folle émission que l'on puisse imaginer. Pour qu'ils puissent concevoir cet après-midi du 26 janvier 1986 sur TF1, il aurait fallu, à eux les spécialistes, des semaines, voire des mois de « séminaires », de « round-up » et d'hésitations. Coluche, lui, se contente d'attraper au vol une de ces multiples idées qui lui passent par la tête à chaque instant.

Pour être sûr de réussir son coup, il décide donc de réunir sur un même plateau, celui de TF1, les vedettes de la politique, de la chanson, du sport, du cinéma, de la télévision, qu'ils appartiennent à tel parti, à telle école, à tel style ou à telle chaîne. Formidable rassembleur, il réunit cet après-midi là, autour de lui, des dizaines et des dizaines de stars du show-business mais il réussit aussi l'exploit de faire fraterniser les stars de la télé !

Finies les rivalités entre TF1, A2, FR3 ! Yves Mourousi, Guy Lux, Jacques Martin, Michel Drucker, Patrick Sabatier et Danielle Gilbert, la revenante, sont tous là autour d'un bouffon qu'ils connaissent tous pour l'avoir invité dans leurs émissions. Mais un bouffon qui, ce jour-là, n'a pas sa verve habituelle et se montre presque timide tant il est ému qu'ils aient spontanément répondu à son appel.

Également finies les concurrences, les batailles que se livrent jour et nuit les stations de radio pour avoir le meilleur taux d'écoute. Europe 1, bien sûr, mais aussi RTL, France Inter, NRJ, par standards interposés, vont secouer leurs auditeurs et provoquer leurs dons. Finies encore les joutes oratoires entre représentants de partis politiques. Ils sont là, ennemis d'hier et de demain qui, pendant quatre heures de trêve, oublient leurs désaccords, leurs luttes, leur campagne électorale et n'ont qu'un mot à la bouche : générosité.

Devant tant de sympathie, tant de compréhension, ce qu'attendait Coluche se produit. Les téléspectateurs, eux aussi, veulent participer matériellement à cette quête hors du commun. Les appels se succèdent. Les promesses de chèques affluent. La cagnotte devient énorme. Les chiffres vous font tourner la tête. On ne sait plus si on parle en nouveaux ou en anciens francs ! De partout les chèques pleuvent. Un Belge, pas rancunier, adresse à Coluche quatre mois de son salaire ! C'est la surenchère. Sur le plateau mais aussi dans les couloirs de TF1, c'est la liesse. La joie est communicative. On s'embrasse, on s'étreint.

Et le roi de la fête dans tout cela, que fait-il ? Lance-t-il ses gauloiseries habituelles, insulte-t-il ses invités ? Les téléspectateurs ? Pas du tout ! Il est bien trop ému pour cela. Le clown n'a plus envie de tenir son rôle. Plus envie d'être applaudi ou de déclencher des cascades de rires. Il est heureux, c'est tout. Heureux que les paumés de l'existence, que les chômeurs, les déshérités sachent qu'on pense à eux et que leur hiver est assuré.

Dans sa tête, il compte les repas...

Pendant le premier mois de son opération, du 21 décembre au 21 janvier il en a distribué un million quatre cent mille. Mais aujourd'hui, il sait qu'il tiendra jusqu'au printemps. Coluche a gagné la bataille de la générosité parce qu'il a su donner de son temps, de son énergie, et par son exemple entraîner dans son sillage des milliers de bonnes volontés.

Déjà, il avait touché les gens quand, se portant aux côtés de SOS-Racisme, il avait arboré sur sa salopette le badge « Touche pas à mon pote ». Dans l'heure, il avait provoqué chez ses fans le même déclic de solidarité ! C'est son aura, la magie de sa personnalité. Il est capable – c'est une évidence – d'entraîner à peu près n'importe qui derrière lui !

Dès ce 26 janvier pourtant, Coluche, même s'il est sûr de pouvoir nourrir ses protégés jusqu'au 20 mars, dernier jour officiel de l'hiver, se pose une question :

« Qu'est-ce que je vais bien pouvoir faire pour eux, après ? Je vais quand même pas les laisser tomber et leur dire : maintenant démerdez-vous, c'est le printemps. Crevez le bec en l'air, si ça vous chante ! »

Il propose un projet de loi stipulant que les donations faites aux associations reconnues d'utilité publique, comme les Restos du cœur, soient directement déduites des impôts et non des revenus imposables. Une idée toute simple mais qui va faire son chemin. Il sait que, entre le moment où un texte de loi est présenté et celui où il est accepté, il peut s'écouler pas mal de temps. Mais il est optimiste. Tous ces combats, ces batailles gagnées l'ont rendu optimiste, lui qui a été si longtemps désespéré.

Dans sa tête résonnent les paroles de la chanson de Jean-Jacques Goldman, ces mots tout simples, eux aussi, mais qui sont chantés tout l'hiver :

Aujourd'hui, on n'a plus le droit
Ni d'avoir faim ni d'avoir froid.
Dépassé le chacun pour soi,
Quand je pense à toi je pense à moi.
Je te promets pas le grand soir,
Mais juste à manger et à boire.

À la fin de l'hiver, huit millions et demi de repas auront été servis dans le cadre des Restos du cœur. Quarante millions de francs de dons ont été récoltés dont vingt-trois millions rien qu'avec l'émission télévisée de TF1.

Mitterrand s'est invité à déjeuner chez lui, rue Gazan ! Giscard l'assure régulièrement de son amitié.

Tous les sondages lui assurent une popularité exceptionnelle. Chez les jeunes de moins de vingt-cinq ans, c'est un plébiscite.

S'il a pu mettre tout son cœur dans ses Restos, c'est bien sûr parce qu'il est redevenu lui-même. Et mieux encore. C'est aussi parce que son cœur a enfin trouvé la paix. Ça ne lui était pas arrivé depuis le départ de Véronique, mais cette fois, ça y est : il est amoureux et heureux de l'être. Il aime dans la tendresse et la sérénité.

Elle s'appelle Fred, elle aussi. Pourquoi elle aussi ? Parce que, peu avant, il y a eu une autre Fred, pour un autre amour rempli de tourments…

LA GRANDE FRED

Je veux tout le temps être amoureux. Il n'y a que ça de bien. Et chaque fois, j'espère aimer la même le plus de temps possible.

Coluche

Le départ de Véronique l'avait laissé inerte. Dépossédé d'amour. Il semblait que jamais il ne s'en remettrait. Et d'ailleurs, s'en est-il vraiment remis un jour ?

Ses manques, ses souffrances, ses remords, il les a traînés pendant des années. De femme en femme. D'aventure en aventure. De maigres aventures, ternes et fugitives.

Quand il rencontre Frédérique, une nuit de désarroi bien noir aux Bains Douches, il ne fait que la croiser, croit-il. En fait, ils vont « croiser » ensemble pendant plusieurs années, comme si à unir ses désespérances, on desserrait l'étreinte du malheur…

Frédérique a à peine dix-huit ans. Mal sortie d'une enfance violente et pleine de tourments, elle forme avec trois autres copines une petite bande dite des Bains-Douches. La bande des Fred, pourrait-on surtout dire puisqu'elles s'appellent toutes les quatre Frédérique !

Alors il y a la grande Fred, celle qui vient d'entrer dans la vie de Coluche ; Fredo ; Frédérique ; et enfin la petite Fred qui réapparaîtra bientôt…

La drogue, le désir d'oubli, les rêves fumeux, les angoisses insupportables font partie de l'univers des Fred comme de celui de Coluche.

Entre la grande Fred et le comique en plein désastre, pas d'aveu. Même pas deux mains qui se tendent ou deux regards qui s'attardent. Ils se prennent presque sans un mot. Fred vient s'installer chez Coluche qui n'en demandait peut-être pas tant.

Sur leur nouvelle vie qui commence, la jeune femme raconte :

« Il me prenait pour une groupie. Il avait eu trop de filles de dix-huit ans. Et moi, j'avais peur que mes copines croient que je faisais la pute, à l'abordage d'un type pas beau et en sale état [...]. Il donnait l'impression d'être destroy depuis des années, alors qu'il n'était à l'héroïne que depuis quelques mois. Il accélérait un processus d'autodestruction. Je suis restée. Je ne pouvais plus partir : c'était terrible de voir ce type se taper si fort la tête contre les murs. Impressionnant de voir comment il avait trouvé quelque chose qui marchait bien pour se foutre en l'air et qu'il s'y employait. »

Au fil des mois, touchée, émue par ce gros bonhomme plein de désespoir qui semble encore plus perdu qu'elle, la toute jeune femme s'accroche à lui. Moins pour se soutenir elle que pour lui tenir la tête hors de l'eau. Elle est maintenant dans sa vie. Quand il voyage pour le cinéma. Quand il s'envole pour la Guadeloupe. Elle est de ses chagrins. Quand on lui incendie trois fois sa maison du bout du monde au nom de l'indépendance des Antilles ! Quand son bateau coule et quelques-uns de ses rêves avec.

La grande Fred est de tous les instants. La lutte pour se sortir de la drogue. Les explosions de colère. Les ravages de l'intoxication.

Depuis le premier jour, ils vivent un amour sauvage, presque animal. Coluche y est pour beaucoup. Dans ce qui représente la pire période de sa vie ressortent comme des diables ses visages les plus maléfiques. Il est jaloux à tuer, possessif, exclusif, violent à cogner. Et dur, parfois, quand les effets de la drogue, ou plutôt des manques, lui font perdre tout contrôle. Oui, il lui arrive de frapper Fred qui se défend comme un chat sauvage mais qui y laisse à l'occasion une côte cassée ou des hématomes.

Hurlements, ruptures, portes qui claquent, valises qui se font ou se défont, dont on se sert comme d'une arme, qui traversent parfois les fenêtres... Ils ne peuvent s'aimer que dans la fureur et la passion exacerbée.

Un jour du début de l'année 1985, la grande Fred n'en peut plus. Sent-elle, confusément, qu'elle a aidé Michel à parcourir le plus dur du chemin ? Oui, aussi. Mais surtout, elle n'a plus la force de continuer. Elle le quitte de la seule façon possible, elle qui les a déjà toutes essayées, en vain : elle se marie, avec un photographe. Aussitôt partie !

Elle s'est donné les moyens de ne pas revenir. Pendant un temps au moins.

Coluche vit très mal ce nouvel abandon. Après Véronique, Fred. Son chagrin est fait de rugissements, de cris d'animal blessé. Autour de lui, personne ne peut ignorer qu'il souffre ! Là aussi, c'est une forme de provocation. Une façon de crier à l'autre qui est en fuite : « Regarde ce que tu as fait de moi ! »

Le temps n'empêchera pas ces deux-là de rester liés par plein de sentiments complexes, des souvenirs douloureux et des petits combats gagnés ensemble. Et aussi par une relation qui est toujours au bord de l'explosion[1].

---

1. Voir chapitre « Un amour sans fin », p. 198.

LA PETITE FRED

La grande Fred s'était envolée. Le chagrin de Coluche ne s'envolera que lorsqu'il tombera amoureux de nouveau.

D'une Fred ! La petite Fred, cette fois ! Ce qui fera dire à ses proches qu'il n'a pas eu à aller chercher bien loin. Peut-être… Mais surtout, il découvre avec Frédérique, la petite Fred de la bande des quatre Fred, une nouvelle version de l'amour. Tendre, sereine, chaleureuse, moins passionnée sans doute, mais forcément moins tourmentée. Comme souvent avec Coluche, les choses avaient plutôt mal commencé. Leur vraie rencontre, celle du jour où ils ont cessé de se croiser sans se voir, la petite Fred l'avait racontée à Jean Poggi, pour *Télé 7 jours*, en 1987 :

« Un jour, une amie m'a demandé de l'accompagner à un dîner chez Coluche, rue Gazan, mais il n'a pas été très accueillant : “Qu'est-ce qu'elle fait ici celle-là ?” J'étais déçue, moi qui, à douze ans, était allée voir Coluche au Vrai chic parisien, parce que mes parents étaient des fans !… Ce jour-là, j'avais même été lui demander dans sa loge si je pouvais monter au lycée une version d'une de ses pièces et il m'avait tapoté la joue en disant : “Bien sûr, ma poule.” Toujours est-il que j'habitais toujours chez mes parents et que le lendemain de cette rencontre orageuse, il m'a téléphoné pour s'excuser et me réinviter à dîner. Il s'était aussi procuré notre adresse et un coursier a livré aussitôt un bouquet de freesias et de coquelicots. J'ai appris plus tard, par sa mère, que c'étaient ses fleurs préférées depuis qu'il avait été fleuriste. »

Dans les jours, les semaines qui suivent, la petite Fred va découvrir un Coluche émouvant comme jamais elle ne l'aurait imaginé.

Lui qui se moquait de tout se met en quatre pour offrir à la jeune femme une vie de rêve. Une vie de princesse. Tout y passe, même les traditions les plus romantico-bourgeoises qu'il s'était si souvent « payées » dans le passé. La petite Fred raconte :

« Le matin, par exemple, il se levait le premier, préparant un petit plateau avec du café pour me l'apporter au lit avec un petit mot qu'il avait griffonné. Un mot d'amour, ou un mot d'humour, selon les jours, pour que, quoi qu'il arrive, la journée commence dans la bonne humeur. »

Parfois, amoureux transi, Coluche ne peut s'empêcher de « trahir » leur intimité :

« Quelle nuit j'ai passée ! Merci, Fred… », lance-t-il dans le micro.

Il a mis au point, cet été-là, une technique très astucieuse pour communiquer avec Fred pendant ses émissions :

« Levé à 7 h 30, raconta-t-il plus tard, je me contentais de reprogrammer la sonnerie du réveil à 10 heures, au moment où mon émission commençait. Fred était donc à l'écoute et elle pouvait à la fois entendre "sa" petite phrase que chaque jour je dirais pour elle seule tout en lisant puisque je l'avais aussi écrite sur un petit bout de papier posé sur la table de nuit… »

Après quelques mois passés ensemble dans l'amour et la tendresse, lorsque Fred a eu aidé Michel à vaincre définitivement la drogue, il comprend qu'ils sont devenus inséparables.

Il sait ce qu'il lui doit, il l'a exprimé avec beaucoup d'émotion au « Jeu de la vérité ». Il ne veut plus être éloigné d'elle qui, sans bruit, sans tapage, sans grands mots, l'a aidé à éloigner tous ses démons. La jolie petite brune au regard doux et confiant lui a transmis sa force. Il en a besoin pour continuer.

« J'ai l'envie d'être toujours auprès d'elle, confie-t-il. Il peut m'arriver d'en désirer d'autres. Je résiste. Désormais, je suis le plus tendre des types. Gentil quoi qu'il arrive. »

Quand il lui a demandé de venir vivre avec lui, il l'a fait « à la Coluche » : un matin, il téléphone à Fred, sa voix exprime l'urgence : « Il faut que tu viennes vivre chez moi. »

Quand elle arrive, presque inquiète, quelques minutes plus tard, il arbore un gentil sourire satisfait et lui tend un petit paquet cadeau : « Tiens, c'est pour toi, une surprise… »

« C'était une superbe Cartier en or, raconte Frédérique. Cette montre est toujours à mon poignet. Ce jour-là, après avoir respiré un grand coup, il m'a longuement fixée et m'a dit : "Est-ce que cela t'ennuierait d'aller chercher tes affaires pour vivre ici ?" C'était sa façon à lui de me dire "je t'aime"… et je me suis installée rue Gazan[1]. »

Il a présenté Fred à Monette. Lui-même a fait la connaissance des parents de la jeune femme. Fred est là, désormais, tous les dimanches, quand Michel fait venir ses deux fils auprès de lui. C'est une tradition incontournable : même s'il a l'occasion de les voir le reste de la semaine, tant les choses se passent en toute

---

1. *Télé 7 jours*, 1987.

intelligence avec leur maman, il tient à ce que le dimanche reste « son » jour, quoi qu'il arrive.

Il a reconstruit tout son univers. Des relations de profonde tendresse avec Véronique, de vraies structures familiales avec leurs enfants, une vie d'amour avec la petite Fred... Il s'en étonne presque, lui qui, il y a peu de temps encore, disait à Maryse : « Tu sais pourquoi ça ne tient pas ? Parce que c'est difficile pour une femme d'être à côté d'un mec qui fait vraiment une carrière. Il faut s'occuper sans arrêt de lui. C'est pire que les gosses ou les chiens. »

Aujourd'hui, il pourrait expliquer pourquoi ça tient, pourquoi ça marche...

Pour la fête des Mères, au mois de mai 1986, il s'en va tout heureux acheter de gros bouquets pour les trois « mamans » de sa vie : Monette, Véronique et la mère de Fred à laquelle il trouve ainsi le moyen de dire merci. Ce qui touche le plus dans ce Coluche tout neuf, régénéré par l'amour et la tendresse, c'est sa façon de chercher à faire plaisir sans cesse.

Il a toujours aimé faire des cadeaux. Combler les autres. Mais, longtemps, cela a représenté surtout une manière de se faire pardonner ses humeurs, ses frasques, ses absences, ses méchants coups de gueule.

Maintenant, il offre seulement pour le plaisir de faire plaisir. Comme ce dimanche où il est allé acheter un petit chien pour Fred :

« Un dimanche, Michel me dit : “Je te laisse Romain, j'emmène Marius pour faire une course.” Quand ils sont revenus, Marius cachait un petit chien noir et blanc dans son dos : “C'est Arthur, le chien que papa t'a acheté.” Il voulait que je sois moins seule quand il n'était pas là[1]. »

1. *Ibid.*

Fidèle à lui-même jusqu'au bout, à cette immense pudeur qui lui faisait taire ses plus beaux sentiments, il n'aura pas réussi à demander la main de Fred.

« Lors du festival de Cannes 1986, il m'a offert une bague sans rien me dire, comme si c'était l'un de ses habituels cadeaux surprises. Mais quelques semaines après sa mort, Monette, sa mère, m'a demandé : "Tu as toujours la bague de fiançailles ?" Il était passé à Montrouge la lui montrer après l'avoir achetée et avait dit : "On va se fiancer avec Fred", mais il était si pudique, si timide finalement, qu'il n'avait pas osé me l'avouer[1]. »

À sa mère qui avait tout partagé avec lui, les misères de l'enfance, la marche vers la gloire, les joies de la réussite, la désespérance de ses dérives, il avait voulu offrir le symbole de sa renaissance.

A-t-il enfin trouvé sérénité et bonheur ?

On en serait convaincu à la lecture des lignes qui précèdent. Le témoignage de la petite Fred à l'appui. Mais dans la vie de Michel Colucci, rien n'a jamais été simple. Et surtout pas l'amour.

Après s'être tue longtemps, la grande Fred a ressenti le besoin de donner sa propre version de ce qui s'est passé après. Après leur rupture. Après son départ. Lorsqu'elle fut remplacée dans la vie de Coluche par la petite Fred.

Ce moment où tout était fini, du moins en apparence, Frédérique Romano, la grande Fred, a choisi de le raconter vingt ans après la mort de celui qu'elle n'a jamais pu appeler Coluche, et qu'elle continue d'évoquer en tant que Michel, une autre manière de se le garder près d'elle.

---

1. *Ibid.*

Écoutons son témoignage, au large de l'Espagne, dans la petite île de Formentera où elle a recommencé sa vie.

Quand on entend Fred, on ne doute plus qu'il y ait une vie après l'amour. Et qu'il y ait encore, aussi, beaucoup d'amour quand l'amour s'est enfui.

UN AMOUR SANS FIN

Par Fred Romano

Formentera, 20 mars 2006

Certains ne s'y sont pas laissé prendre. D'autres n'ont pas « tilté ». Il y a eu deux Fred dans la vie de Coluche. La curieuse coïncidence autour d'un prénom peu courant pour ces deux jeunes femmes, l'une grande et blonde, l'autre petite et brune, serait-elle due au hasard ? L'histoire avec la « grande Fred » commence quand il est abandonné de tous, la « petite Fred » l'accompagne alors qu'il reçoit son césar. La petite était « l'officielle » quand il est mort ; à ce moment-là, il est officiellement fâché avec la grande.

Ayant lu attentivement mon ouvrage, *Le Film pornographique le moins cher du monde*[1], un roman inspiré de ma passion avec Michel, Bernard Pascuito a su saisir ce que j'y suggérais, à savoir que cette histoire ne s'était pas arrêtée à sa fin officielle. Son attention amicale m'a permis de revenir sur ces souvenirs, encore douloureux. C'est pourquoi j'ai décidé aujourd'hui d'achever de conter les derniers soubresauts de cet amour singulier et ainsi d'offrir ma version de l'épisode des « deux Fred », cet épisode foudroyant dans la vie de Coluche, à l'instar de sa démesure.

---

1. Éditions Pauvert, 2000.

Michel (je n'ai jamais pu l'appeler Coluche) et moi avions décidé de vivre notre amour avec intensité (attention aux étincelles), en toute liberté (la grande illusion des couples modernistes) et en nous moquant des normes (les normes n'ont guère apprécié). Nous étions heureux tous deux d'avoir rencontré la personne idéale, celle avec qui partager ces points de vue peu orthodoxes sur le sentiment. Nous faisions semblant d'ignorer que nous étions tous deux follement amoureux l'un de l'autre. Mieux encore, nous dissimulions, tant aux autres qu'à nous-mêmes, notre fragilité d'oiseaux blessés, aux ailes brisées, dans un cirque grand-guignolesque de paillettes, de motos et de rock'n roll.

Une de ces nuits sans lune des discothèques parisiennes, je croisai un clown déçu, dont le rire triste m'a séduite. En ces temps-là, je n'étais qu'une enfant d'un mètre quatre-vingts, qui avait été violée et abandonnée, et qui sortait ses griffes comme un chat acculé, ou qui se maquillait comme une transsexuelle, pour éviter que les mecs viennent la draguer. Je ne parlais pas de mon passé ; je ne pouvais pas, c'était encore trop présent : le viol à quinze ans, enceinte du violeur, avortement clandestin. Je suis partie dans le sang…

Dans l'entourage de Michel, certains captèrent le poids de ce passé, mais personne n'osait y faire allusion. À l'automne 1983, huit ans après cette violence, je n'ai pas pu expliquer à Michel pourquoi j'avortais de nouveau, pourquoi j'avais l'impression que ce fœtus n'était pas son enfant, mais un « alien » qui me déchirait les entrailles. Je ne pouvais pas parler, j'avais trop peur que cet aveu soit pris comme un mauvais alibi. Michel n'a pas pu pénétrer mon triste secret. Il ne soupçonnait pas que le mal dont j'avais été la victime possédait de cruelles façons de se reproduire. Dans ses yeux, je n'étais plus qu'une jeune femme de vingt-deux ans dont la beauté frivole avait tué notre avenir dans l'œuf.

Nous nous sommes séparés dans une haine froide, parce que je lui en voulais de ne pas comprendre ce que moi-même je ne pouvais appréhender. Mais ce n'était pas de sa faute. Ni de la mienne. Je suis partie, ou alors il m'a jetée dehors. On ne pouvait plus se supporter, après ces années de folie sans limites, dont l'intensité avait déformé le temps. Sur les montagnes russes de l'amour, les allers et retours, pentes et montées, décuplent le chemin parcouru, jusqu'au tournis.

En décembre, j'ai pris l'avion pour la Guadeloupe, pour revoir la maison du Morne-à-l'Eau où nous avions été si heureux, et ainsi être sûre que c'était bel et bien fini entre nous. Le jour de mon arrivée, le village de Deshaies était en proie à cette ébullition suspecte qui précède les catastrophes administratives, descente de police, tournée des douanes, etc. Intriguée, je suis allée voir Michel le pêcheur. Il était dans sa case et j'étais heureuse de revoir ce grand géant débonnaire, dont les cheveux crépus commençaient à grisonner. Lorsqu'il me vit, son visage s'affaissa en un masque d'inquiétude et il me saisit vivement au bras :

« Tu n'es pas encore montée là-haut ? !

— Euh... Non... je... j'ai des... problèmes avec Michel.

— Il faut qu'on s'en aille. Tout de suite. »

Jamais le Pêcheur ne m'avait semblé si soucieux. Je l'ai suivi sans rien dire, mais il m'a ordonné d'avancer sur la route. Il me prendrait au passage en voiture. Dans la rue en terre battue, les gens se retournaient pour me dévisager ou, au contraire, esquivaient mon regard. J'avais déjà vécu cet exil, à Paris, avec les amis de Michel qui, par solidarité, avaient tenu à me faire savoir qu'on ne s'était jamais rencontrés. Mais je trouvais incroyable que les gens soient déjà au courant de notre séparation, ici sur la Basse-Terre de Guadeloupe.

Nous sommes partis vers la plage de Grande Anse et le pêcheur, toujours aussi silencieux, m'a entraînée dans la forêt. On a fumé un joint, et il ne parlait toujours pas. Dans le lointain, il y a eu comme un énorme coup de tonnerre. J'ai regardé le Pêcheur, qui s'est levé. Une fois dans la voiture, il m'a parlé sans me voir.

« Tu ne peux pas rester ici, tu le sais ?

— Eh bien…

— Je te raccompagne à Pointe-à-Pitre. »

En traversant la rivière Salée, il m'a annoncé que la maison de Michel, notre maison, avait sauté sous le feu d'un engin du Front de libération de la Guadeloupe et que les flics allaient envahir la région. Ce n'était pas bon pour moi qu'on me trouve dans les parages. Une boule s'est nouée dans mon estomac en pensant que j'aurais pu monter là-haut.

« Mais qui ?…

— Les nationalistes, voyons… Vous les aviez invités…

— Mais c'était à une fête !

— Ils ne frappent que là où ils savent comment entrer… Et puis, c'est normal, ils veulent faire parler d'eux en métropole et il n'y a personne d'aussi connu que Michel en Guadeloupe… Pour une fois, ils feront la première page des journaux nationaux… »

Il m'a laissée rue Frébault, en me conseillant de changer d'île au plus vite. Seule, je me suis mise à pleurer. Je n'avais même pas pu revoir ce lieu où nous avions été heureux. C'était comme un signe du destin : notre histoire était finie et consumée. Il était 5 heures de l'après-midi, j'allais réveiller Michel à Paris, mais il fallait absolument que je lui téléphone. Je ne lui avais pas parlé depuis que nous nous étions séparés, par pur orgueil. Je ne voulais pas lui donner l'impression que je souffrais de notre séparation. J'étais surtout tellement paumée que je n'avais pas encore pris conscience de mon propre chagrin. Nous nous étions déjà tellement pardonné, au cours de ces années. Au pire, on ne pouvait que se fâcher, bien qu'en l'occurrence la fâcherie durait déjà depuis quelques semaines.

L'épisode de l'avortement l'avait blessé. Pourtant, nous étions comme des frères siamois ; la séparation était impossible, ç'aurait été comme s'arracher des morceaux de chair. Rue Gazan, ça sonnait interminablement, je pouvais presque voir le téléphone crier dans le salon. J'ai cru qu'il ne décrocherait jamais. Finalement il a pris la communication, en silence.

« Michel, c'est moi !

— Euh… qui ça, moi ? ! »

Le faisait-il exprès ? N'avait-il pas reconnu ma voix ? Était-il endormi ou simplement groggy ?

« C'est Fred.

— Fred ? ! »

Sa respiration se fit sifflante à l'autre bout du fil. Je me suis remise à pleurer.

« Michel, ils ont fait sauter notre maison !

— …

— Les nationalistes y ont mis une bombe ! C'est affreux !

— …

— Michel ? Tu m'entends ?

— … C'est pour ça que tu as le culot de me réveiller ? Juste pour une baraque à la con, c'est bien ça, je ne rêve pas ?

— …

— Et d'abord, c'est pas *notre* maison, c'est la mienne ! Ensuite, j'en ai rien à foutre de cette baraque, elle ne représente plus rien pour moi ! Ni pour toi, d'ailleurs. Un bon conseil : ne t'en approche pas.

— Mais tu ne te rappelles pas comme…

— Non. Et je ne tiens pas à m'en souvenir. Ils ont bien fait de la faire sauter. Merci aux nationalistes, c'est comme effacer un rêve qui, de toute façon, ne fonctionnait pas. Salut… Ne me rappelle plus. Plus jamais. »

Un silence gelé s'éternisait à l'autre bout du fil, je frissonnai dans l'air tiède des Antilles. Pour lui rendre service, j'ai raccroché le combiné sans plus de commentaires. Le lendemain, je suis allée ramasser des champignons hallucinogènes dont je me suis goinfrée, avant de prendre l'avion pour l'île d'Antigua. J'essayais de ne pas penser à Michel, mais il était partout. Je plongeais entre les requins, je nageais dans les courants, et quand la vague m'emportait, alors j'arrivais à tout oublier. J'étais complètement brûlée au soleil des tropiques. Un jour, ma carte de crédit a été avalée par la machine. J'ai appelé ma banque à Paris pour leur demander de m'envoyer de l'argent. Ils m'ont répondu, gênés, que Michel avait ordonné la fermeture du compte que je possédais depuis trois ans dans cette banque, qui était aussi la sienne. Par ailleurs, un interdit bancaire avait été formulé contre moi pour chèque sans provision. Je suis restée sans voix. Il fallait que je rentre à Paris.

Le jugement se déroulerait au tribunal de Paris, fin janvier 1984. L'avocat commis d'office a fait la grimace en consultant mon dossier.

« C'est incroyable qu'ils vous traînent en justice pour ça… Un chèque de cent francs à l'ordre de l'épicerie

Hédiard… d'il y a quatre ans ! Mais pourquoi n'avez-vous pas payé ?

— Je n'ai pas été avertie.

— Comment ? Votre banquier ne vous a rien dit ? Mais c'est une faute professionnelle ! On doit les attaquer !

— Non, je veux juste payer ma dette. »

Je ne voulais surtout pas que Michel soit mêlé de près ou de loin à ce procès.

« … Entendu… Mais il est possible que le juge vous condamne à une amende, puisque vous n'avez aucune raison à présenter en votre faveur… Je peux vous demander quelque chose ? Qu'est-ce que vous aviez acheté ?

— Une bouteille de champagne pour ma mère. Pour la remercier de m'avoir émancipée.

— Vous êtes émancipée, en plus ? Vos parents ne peuvent pas se porter garants ? Ça ne va pas nous arranger. »

Ainsi que me l'avait annoncé l'avocat, je fus condamnée à une amende, qui acheva de vider mes réserves. D'une certaine manière, je me sentais soulagée. Une nouvelle vie commençait, mieux valait ne rien conserver de l'ancienne. En rentrant à l'hôtel Louisiana, dans l'ancienne chambre de Jim Morrison où j'étais installée, je contemplai le dernier cadeau de Michel : une parure de diamants, que je trouvais aussi laide que vulgaire. Ses meilleurs amis, outrés, s'étaient chargés de me dire qu'il avait payé une somme astronomique, irréelle. Je me suis pomponnée le plus outrageusement possible, j'ai revêtu ma robe la plus décolletée, chaussé mes plus hauts talons et j'ai accroché douze briques à mes oreilles et à mes poignets. Enfin, j'ai bu une bonne rasade de vodka polonaise puis j'ai pris un taxi pour le Palace.

En descendant au club Privilège, j'ai commandé un autre verre de vodka, que j'ai bu cul sec avant de commencer à danser. Entre la septième et la huitième vodka, les douze briques ont volé dans les airs tandis que je m'esclaffais comme une démente. Farid Chopel m'a remise sur pied, m'a aidée à récupérer ce qui restait de la parure et m'a emmenée chez sa fiancée, qui justement cherchait une colocataire.

« Fred, tu dois voir les choses du bon côté et arrêter de te foutre en l'air gratuitement, surtout pour un mec. Même si ce mec, c'est Michel. Une nouvelle vie commence pour toi, dis-toi que tu vas pouvoir faire ce que tu veux. Tu ne voulais pas suivre des cours de théâtre ?

— T'as raison, Farid. »

Sa copine, Suzanne, travaillait dans la publicité et pouvait aussi me confier des petits boulots, de mannequin ou d'assistante. J'emménageai chez elle dès que je fus dégrisée, heureuse que ma nouvelle vie commence juste le soir où j'avais perdu ce qui me restait de l'ancienne.

J'appelai Peggy, la femme de Marc, le coiffeur et compère de Michel. Elle était devenue ma confidente, mon espionne auprès de Michel. Ses interdits formels de communiquer avec moi ne la terrorisaient pas. Elle savait qu'en dépit de ses colères homériques, il tenait à conserver une possibilité de contact avec l'exilée, ne serait-ce que pour lui faire savoir comment il avait jeté toutes ses affaires à la poubelle, en interdisant qu'on les récupère. Il voulait que ce soient des vagabonds qui en profitent, insista Peggy. Elle n'avait rien pu reprendre. Je la tranquillisai, une vie nouvelle est plus légère sans bagages. J'allais suivre les fameux cours de l'Actor's Studio, avec Blanche Salant au Centre américain, et je tenais à ce que Peggy le répète à Michel.

« Je ne peux pas lui dire ça. Il va être fou de rage. Tu sais ce qu'il pense des intellos.

— Je veux juste qu'il sache que je suis en train de bâtir gentiment ma nouvelle vie, sans rien lui demander.

— Écoute, Fred, ce n'est pas comme ça que tu vas pouvoir récupérer Michel. S'il nous interdit de prononcer ton nom, ce n'est pas parce qu'il n'en a rien à foutre de toi, crois-moi. Mais laisse-lui le temps. Ça l'a rendu malade que tu l'appelles pour la maison de Guadeloupe, parce qu'il attendait un autre coup de fil de ta part ! Tu ne peux pas avoir la générosité de le comprendre ? !

— Et lui, il ne peut pas comprendre que si je veux apprendre la méthode de l'Actor's Studio, ce n'est pas contre lui ! C'est absurde, à la fin ! Cette méthode américaine est basée sur l'improvisation, dont Michel est pourtant le roi !

— Justement. Il veut le rester. Mais là n'est pas la question. Crois-moi, il ne va pas pouvoir tenir longtemps sans toi, alors laisse couler. Prends des vacances.

— Je n'ai plus de fric. Il faut que je travaille. J'ai trouvé un boulot dans la publicité.

— Bon. Fais comme tu veux. Mais ne l'oublie pas, il est si mal sans toi…

— Ah ! Et pourquoi ne l'avoue-t-il pas ?

— … Fred, vous êtes tellement semblables tous deux que cela en est décourageant. Deux rocs. On ne peut pas vous aider, ni l'un, ni l'autre. Bon, je raccroche, je crois qu'il arrive et si je me fais prendre, ça va barder. »

Les cours de théâtre de Blanche Salant me passionnaient. On reconnaissait mon talent et pourtant personne n'était au courant de ma relation avec Coluche. Mais je tenais absolument à expérimenter les leçons de l'Actor's Studio sur un vrai set de cinéma. J'appris que

Josiane Balasko préparait un film. C'était l'une des meilleures amies de Michel, mais je réussis à me persuader que j'avais là une revanche purement artistique à prendre. J'allai la voir pour la supplier de m'engager de nouveau. Elle sembla surprise que j'aie ce culot, mais elle me confia un petit rôle : « Celui de la pute, parfait pour toi... » Michel avait dû lui faire ses confidences. Ma performance était d'autant plus risquée, et forcément enrichissante. Le jour du tournage, j'arrivai sur le plateau très en forme et en avance. J'en profitai pour réaliser quelques exercices de respiration, ce qui fit fuser des commentaires amusés entre les techniciens. Imperturbable, je jouai mon rôle. La prise était compliquée, le texte insipide ; je devais courir, sauter au cou d'un homme, dire encore du texte stupide puis m'arrêter net dans les marques et remuer du cul avantageusement. Je sus tirer parti de ce rôle insignifiant et je sentis, au silence qui suivit la prise, que j'avais réussi mon affaire. Tout d'un coup, Josiane se mit à rugir : « Mais qu'est-ce qu'elle croit, la pauvre pouffiasse ? Qu'elle fait du théâtre nô ou qu'elle est à l'Actor's Studio ? » Après cette humiliation, elle me fit refaire la prise quatorze fois de suite. Au petit matin, épuisée, en larmes, je me jurai de ne plus jamais travailler dans le cinéma français. J'emportai le costume que je brûlai dans un container, comme pour sceller le divorce. Plus tard, j'appris que la réalisatrice avait utilisé la deuxième prise au montage.

Le même jour, on me communiqua que Michel avait recommencé le programme des fêtes rue Gazan, invitant tous mes amis, qui du coup s'excusaient eux aussi de ne plus pouvoir me fréquenter. Je m'en moquais, j'avais plein de nouveaux amis dans la publicité, qui vivait son âge d'or créatif. Afin de mettre les choses au point sur la place de Paris, j'organisai à mon tour une fête, réunissant les anciens et les nouveaux dans mon nouvel appartement. À ma grande surprise, je vis débarquer Claude Berri, accompagné de son amie du moment. Il inspecta les lieux et demanda à voir ma chambre. Un peu surprise, je l'accompagnai. Je n'avais pas encore eu le temps de l'aménager, aussi n'y avait-il guère plus qu'un matelas, quelques livres, des fringues en désordre et des dizaines de photos au mur, qu'il examina soigneusement, une à une. Apparemment, c'était bien cela qu'il était venu chercher. Il pointa celle qui le représentait, embrassant notre couple de ses petits bras.

« Écoute, Fred, je sais que ces photos ont une valeur sentimentale pour toi, mais tout de même, celle-ci, je crois que je devrais la récupérer. »

Je l'ai regardé froidement dans les yeux, décidée à ajuster mon comportement au sien. Le photographe qui m'avait offert ce cliché m'avait prévenue : « Garde-le, on ne sait jamais, ça pourrait te servir. » Je l'ai déchirée en tout petits morceaux, que j'ai brûlés dans un cendrier. Claude Berri rayonnait de gratitude. Il m'a embrassée avec fougue, a serré la main de son amie et ils sont partis, comme un double pet glissant sur la faïence. Ils n'avaient plus rien à faire chez moi. Il ignorait cependant que je possédais le cliché en plusieurs exemplaires. À peine Claude était-il sorti que je replaçais la photo sur le mur de ma chambre. J'organisai ensuite une visite guidée avec le reste des invités. Ils lorgnaient bouche bée les stars dans leurs attitudes quotidiennes. La fête se termina dans une espèce d'orgie, qui allait faire parler d'elle, du moins je le souhaitais. Au petit matin, je constatai que plusieurs photos avaient disparu, ainsi que ma montre Fred. J'avais une terrible gueule de bois.

À l'agence de pub, on me confia un casting de jeunes hommes pour des strings. Bambou, la petite amie de

Gainsbourg, pleurnichait régulièrement dans ma baignoire. Peu m'importait.

Peggy m'appela en fin d'après-midi :

« Fred, il faut que je te dise quelque chose qui ne va pas te faire plaisir.

— En avant, je commence à être rodée.

— Tu te rappelles de l'une de tes copines, la petite Fred ? Ça fait des jours qu'on la voit traîner rue Gazan.

— Normal. Le fait de me connaître ne doit pas l'empêcher de profiter.

— Oui, tu sais ce que j'en pense, de ce genre-là. Au début, quand il a appris son nom, Michel l'a foutue dehors. Mais elle est revenue. Et, au cas où tu l'aurais oublié, les césars vont se dérouler d'ici peu. Michel sera la star, on va lui donner un césar pour son rôle dans *Tchao Pantin*. La grande question que tout le monde s'est posée est : qui l'accompagnera ?

— Euh… Véronique, je suppose…

— Non. Sa fiancée Fred.

— Quoi ? !!! »

Ainsi Michel avait-il choisi de me substituer, un plan d'une cruauté absolue, en direct devant les télévisions. Les photographes se jetèrent sur le couple de la soirée, Coluche et sa farouche Fred. Peu de journalistes « remarquèrent » qu'elle avait rapetissé de trente centimètres, tant ils étaient heureux qu'à présent elle et lui se prêtent si facilement aux objectifs. Ils attribuèrent ce soudain revirement à la reconnaissance du milieu par ce césar. L'enfant terrible était devenu fils prodigue et, d'un même coup de baguette magique, la fiancée elle aussi avait été transformée.

Quant à moi, une rage infinie m'avait envahie. Je ne pouvais plus supporter de regarder la télévision, par peur de tomber sur lui, en compagnie de mon piètre double. Mais je passais mes nuits et mes jours à chercher l'instrument de ma vengeance. Il se présenta de lui-même, lors d'une fête publicitaire particulièrement décadente. Totalement soûl, il se frotta sur ma jambe comme un petit chien. Je lui caressais la tête et il me demanda si je voulais l'épouser. Olivier était l'un des meilleurs photographes de publicité de Paris. Il était extrêmement talentueux et complètement fou. Chaque séance de pose se transformait en une mise en scène complexe et périlleuse, une métamorphose audacieuse de la réalité à l'aide de minutieux jeux de lumière. Ses clichés couvraient les murs de Paris et on le payait une fortune, qu'il dépensait allègrement. Les impôts s'intéressèrent à son cas. Le redressement était très conséquent. « Mais si je me marie, alors ils me feront une importante réduction sur mes prochains impôts. Avec l'argent, on part en voyage de noces… si tu veux », m'implora-t-il. Vu de cette façon, le mariage m'apparut comme la plus méchante farce que je pouvais jouer à Michel, moi qui avais rembarré toutes ses avances en me moquant de ces rites bourgeois.

La cérémonie fut célébrée à la mairie du Xe arrondissement. J'étais habillée en léopard, l'alliance était un énorme cabochon de verre violet, mes témoins étaient noirs, arabes et yougoslaves. Nous étions tous hilares. Je ne m'étonnais qu'à moitié de voir certains des amis de Michel dans l'assemblée. J'en ai ri de plus belle, souhaitant qu'ils lui disent combien j'étais gaie ce jour-là, et je leur ai jeté une jarretière à la tête. J'en avais plein les poches. Nous sommes partis en scooter sous les vivats.

Pendant ce temps, Michel avait réussi sa reconversion. D'enfant prodigue, il était passé à prodigue tout court. Peggy me racontait son entreprise des Restos du cœur, avec l'abbé Pierre. Mais je préférais commenter, méchante :

« Et il ne travaille pas, bien entendu…
— … Il prend des notes…
— Tu parles !
— Ça lui fait du bien, les Restos. Pour toute la politique qui a mal tourné, c'est joli qu'au moins un truc fonctionne.
— Oui, mais il ne travaille pas.
— Tu lui manques. Mais maintenant qu'il est avec l'autre, ça va un peu mieux. Petit à petit, il se refait. Comme toi. Tu t'es bien mariée.
— Comment, ça se sait déjà ?
— Dès le premier jour, tu penses bien. Et ça lui a fichu un coup ; il a prétendu le contraire, mais je le connais, le gros… Il a acheté un chien.
— Quoi ? ! »
Michel, à son tour, s'embarquait dans l'irréversible. Nous nous étions tant moqués des propriétaires de chiens et de leurs ressemblances avec leurs animaux, des propriétaires de chiens qui ne savaient pas aimer leurs enfants, des propriétaires de chiens avec leur pavillon de banlieue et leur fusil. À présent, il était avec l'autre Fred, et son vrai moi sortait du placard, en compagnie d'un toutou ! Je me sentais trahie, une fois de plus, comme s'il avait joué un rôle durant notre relation et qu'il s'autorisait enfin la vie de petit bourgeois dont il avait toujours rêvé. La petite Fred ne l'intimidait pas et Michel prenait ses aises, le chien en était la preuve. À l'autre bout du fil, Peggy rigolait.
« Mais tu fais des drames pour un rien ! Enfin, c'est pourtant simple à comprendre. S'il a acheté un chien, c'est parce qu'il n'est jamais là. Si ça peut te consoler, ils ne passent pas beaucoup de temps ensemble. Ce n'est pas comme avec toi.
— Mais je m'en fous, de ce gros con. Qu'il s'embourgeoise jusqu'à la nausée, puisque c'est ce qu'il

veut ! Tu ne dois pas te marrer souvent, vu l'ambiance rue Gazan.

— Ah, quand tu étais là, c'était plus drôle. La petite Fred n'est pas marrante, c'est une petite fille endormie.

— Merde alors. Dire que Michel en est rendu là.

— C'est vrai que vous n'avez pas grand-chose à voir l'une avec l'autre. Je ne comprends pas comment il fait avec elle. Ça doit le rassurer de crier "Fred" dans la nuit et qu'on lui réponde. »

Maurice Bénichou, comédien et assistant de Peter Brook, organisait un stage au théâtre de la Renaissance. J'étais fière d'y avoir été admise, sur un monologue tiré de *La Conjuration des imbéciles* de John Kennedy Toole. Véronique m'avait fait lire cet excellent ouvrage en pensant à un rôle pour Michel, mais personne ne le savait. Ça donnait une couleur spéciale à mon interprétation : j'avais un secret. Bénichou m'a ensuite fait travailler sur le rôle de Martha dans *Qui a peur de Virginia Woolf ?* d'Edward Albee. Je m'y sentais parfaitement à l'aise. Bénichou me poussait à tout sortir, mon jeu se faisait jouissif et, au climax, je réalisais l'abîme qui s'ouvrait à mes pieds. J'adorais cette façon de jouer. D'une certaine manière, j'étais heureuse d'avoir quitté Michel car, en sa compagnie, je n'aurais jamais pu me livrer à de telles expériences. Il ne supportait rien de ce qui pouvait paraître « intellectuel », comme si le moindre raisonnement eût été une atteinte à son intuition, à sa géniale mais déstructurée façon d'appréhender la vie.

Il avait une conception profondément stalinienne de la culture. Son absence de diplômes lui faisait redouter en permanence la remise en question de sa propre intelligence, de la part de ceux qui capitalisaient le savoir, les défenseurs du dogme, de la même manière que sa pauvreté, dans son enfance, lui avait valu les quolibets des mieux nantis. Il y avait dans son désespoir quelque chose de poignant, parce qu'il était évident qu'il n'y pourrait jamais rien changer. Pour ma part, je découvrais avec Bénichou, et les autres, qu'intellectuel ne voulait pas dire forcément sectaire.

Serge Kruger, que je connaissais depuis l'époque de la Main Bleue, venait de reprendre le théâtre du Bataclan. Il y organisait des sortes de thés dansants le dimanche après-midi, avec spectacles. Je lui proposai de monter un numéro, que j'avais déjà bien pensé. Je dirais le poème de Lewis Carroll, « Jabberwocky », celui qui permet à Alice de passer de l'autre côté du miroir, habillée en tutu classique rose et chaussée de pantoufles roses en forme de cochon, avec lesquels les pointes se révélaient un exploit artistique. Je m'inspirais tant de la gestuelle merveilleuse de mon ami Farid Chopel que d'un numéro de Michel, mon préféré, quand il jouait du violon avec des gants de boxe. C'était mon premier numéro en public, avec une mise en scène de mon invention. Le feu m'était monté aux joues et j'étais aussi rose que mon tutu. Je suis entrée en scène et l'univers s'est réduit au halo de la poursuite. Je me sentais à l'aise, je prenais mon temps ou accélérais d'un coup, portée par le public, qui n'était plus qu'une énorme main tendue dans l'obscurité. Un instant merveilleux, qui s'éternise encore dans ma mémoire.

Frédéric Mitterrand avait assisté à ma performance. Il vint me trouver après le spectacle, pour me proposer de participer à sa première émission de télévision : « Nous serons tous des débutants, il y aura aussi Patricia Kaas, une jeune chanteuse de Nancy. » Il était charmant et ému, je sentais qu'il en savait plus sur moi qu'il ne le disait, mais il eut la délicatesse de ne pas poser de questions. J'acceptai son invitation, persuadée que, cette fois, Michel me verrait à la télévision. Et qui sait ? Peut-être lui donnerais-je envie de se remettre au travail…

Il me vit, Peggy me le confirma.

« Mais pas longtemps, hein, il a tout de suite changé de chaîne dès qu'il t'a vue…

— Ah ? Et il n'a rien dit ?

— Un peu qu'il a dit ! Mais je préfère ne pas te le répéter, bien qu'il m'ait demandé de le faire ! Il était furieux, tu t'imagines bien ! Ça fait des mois qu'il traîne son ennui dans les studios de cinéma, et toi, tu en profites pour monter sur scène ! Mais la scène, c'est son domaine à lui, tout de même, tu exagères !

— Mon travail n'a rien à voir avec le sien !

— Oui, mais essaye de comprendre, Fred. Si tu ne fais pas la paix avec lui, bientôt tu vas le perdre. L'autre s'incruste de plus en plus, et maintenant, elle ramène la famille ! Même Monette est revenue rue Gazan ! Michel a entamé sa métamorphose en pépère.

— Il rentre dans le rang, c'est ça ?

— Ben oui… Il en avait peut-être besoin… »

Heureusement, comme pour contredire Peggy, Michel a recommencé à travailler, pour la chaîne de télévision Canal+. J'étais heureuse pour lui, je savais qu'il ne se retrouvait lui-même que dans ce chaos d'improvisation, sous la pression ludique, dans le feu du jeu. Le cinéma, tel qu'il l'avait vécu, ne représentait qu'une espèce de vacance obligatoire, absolument pas gratifiante. Au Théâtre des Cinquante, je travaillais sur le texte de Genet, *Les Bonnes*, avec la petite Maël. Il était indispensable de parvenir à une certaine intimité dans le cadre de cette pièce, aussi passions-nous de longs moments ensemble. Je lui présentai Olivier, mon mari, qui prit de nombreux clichés de nous deux. J'étais mal à l'aise. Olivier ne posait pas de questions mais me photographiait sans cesse, jusque dans mon sommeil, comme s'il cherchait à percer une énigme, ce qui me terrifiait.

Maël et moi nous livrions à des petits jeux d'improvisation qui tendaient de plus en plus à la provocation, dans le métro ou dans la rue. L'une devait constamment renchérir sur l'autre. Elle vit la première le « Télématon » et m'expliqua de quoi il retournait :

« Dans cette cabine, tu peux enregistrer un message vidéo, et ensuite ils le passent à Canal+ ! L'idée de génie est de Coluche ! »

Ce nom a résonné très fort en moi, sans doute parce que je ne l'entendais plus depuis quelques semaines. Je réalisai qu'il faisait tinter quelque chose comme du verre dans mon intérieur. Je fis un pas en arrière et Maël insista, c'était notre arrangement scénique.

« Grâce à cette boîte, tu peux passer à l'émission de Michel, tu sais, “Coluche 1 faux” ! Sur Canal+, en *prime time* !

— Oh, ils feront certainement une sélection sévère. Je ne suis pas sûre qu'on représente ce qu'ils recherchent…

— Quoi ? Tu te dégonfles maintenant ? Mais c'est justement le genre d'occasion qu'il faut saisir !

— Maël, il faut que je t'explique quelque chose… »

Elle m'écouta bouche bée.

« Et tu t'es mariée avec l'autre ?

— Oui, parce que lui s'est mis avec une fille qui porte le même prénom que moi.

— Ça alors, moi qui croyais qu'il était pédé…

— Pédé, Michel ? Mais pas du tout !

— Ben, après son mariage avec Thierry Le Luron…

— Je ne savais pas…

— Tu es vraiment cinglée. Mais bon, tu m'as bien expliqué qu'il te connaît ? Et tu crois vraiment qu'il ne te reconnaîtrait pas ? »

Maël était persuadée que nous avions là notre chance de passer à l'écran. J'ai juste pu la convaincre de mettre au point l'improvisation minutieusement. Nous serions toutes deux déguisées en Zorro, avec le bandeau sur les yeux. Je porterais une perruque et réciterais le poème de Lewis Carroll, Maël surgirait d'entre mes cuisses et crierait : « Faut pas emmerder Zorro ! » C'était notre cri de guerre, à Michel et à moi, après que son fils Marius avait éructé cette phrase historique à la sortie d'une émission télé, mais je ne l'ai pas dit à Maël. Il me fallait conserver un petit secret, c'était une technique théâtrale.

Le jour dit, nous nous sommes enfermées dans la cabine du Télématon. Tout s'est passé comme prévu, jusque nos rires faisaient partie de l'improvisation. Puis, brusquement, quelque chose s'est détraqué en moi, et j'ai perdu le contrôle. J'ai ôté la perruque et le bandeau, et regardé l'objectif droit dans les yeux. Les mots sont tombés de ma bouche sans que je parvienne à les retenir « Alors, mon gros, où tu en es ? » puis j'ai embrassé Maël sur la bouche. Lorsque nous sommes sorties du Télématon, elle était furieuse. Je n'ai pas pu lui expliquer, je ne pouvais pas me l'expliquer à moi-même. À un moment de notre improvisation, j'ai eu envie de quitter le masque et de *lui* parler, comme si nous avions été tous les deux seuls au monde. Mais Maël me fit remarquer qu'elle était bel et bien là, et que je l'avais oubliée.

« C'est grave, d'oublier sa partenaire. Ma seule consolation, c'est que je suis sûre qu'ils ne passeront jamais un truc aussi bidon. »

Je ne l'ai plus revue. En revanche, au Théâtre des Cinquante, tous admirèrent notre prestation, qui fut diffusée le soir même. Un des élèves l'avait même enregistrée. Je mis la cassette dans le magnétoscope, le cœur battant, la bouche sèche. Michel présentait ses fausses infos, outrageusement maquillé. Ça faisait des semaines que je ne regardais plus la télévision, des semaines que je ne l'avais plus vu. Le pincement au cœur que j'éprouvai alors désarçonna tous mes mensonges. Il me manquait, terriblement. Il minaudait à l'écran pour annoncer les séquences vidéo des téléspectateurs.

« Aujourd'hui, il n'y en aura qu'une. Parce qu'elle est très spéciale et qu'elle m'a fait très plaisir. Parce que je me suis rendu compte que ça faisait longtemps que je l'attendais… »

Je rembobinai la cassette une bonne demi-douzaine de fois afin de l'entendre prononcer ces mots encore et encore. Je passai ma prestation à toute allure, pour m'arrêter sur ses derniers commentaires. Lui aussi regardait l'objectif droit dans les yeux.

« Le gros, c'est toujours Fred qu'il aime… Bon, passons au courrier des lecteurs… Une lettre à l'attention de Zorro (ouh ! c'est moi), un rendez-vous place de l'Opéra pour demain 15 heures. Pas de problème, j'y serai ! Bon, je vous lèche la bite à tous, à demain sur Canal+… »

Je n'ai pas eu le moindre doute. Le rendez-vous s'adressait à moi. Le lendemain, je l'attendais place de l'Opéra, avec une perruque et des lunettes noires. Je voulais le voir arriver, examiner ses expressions alors qu'il m'attendrait. Une grosse berline Mercedes aux vitres fumées s'est garée à mes côtés. Michel n'était toujours pas là. Peut-être ne viendrait-il pas. La vitre s'est baissée et, depuis l'obscurité, il m'a appelée : « Monte. » La portière passager s'est ouverte, je suis montée et nous sommes partis en trombe, alors qu'une contractuelle s'approchait. Un silence gêné s'était installé d'emblée entre nous. Il a tourné dans une petite rue, s'est garé et m'a jeté un regard vert et froid. « Pourquoi tu t'es déguisée comme ça ? Tu as peur qu'on te reconnaisse en ma compagnie, c'est ça ? »

Les choses n'allaient pas être faciles. Je lui ai fait remarquer que je ne le reconnaissais pas, moi non plus. Il avait changé.

« J'ai arrêté la défonce ! Je suppose que ça me rend moins séduisant, pas vrai ?

— Oh, ça va, ne me la joue pas, on a le même épicier.

— T'es fringuée comme une bourgeoise. Ça ne te va pas du tout. Je préférais quand tu montrais ton cul, même un peu trop gros.

— Et comment tu m'as trouvée, à la télé ? Ça t'a plu quand j'embrassais la fille ?

— Ouais, je dois le reconnaître, ça m'a bien excité. Il a fallu que je demande à la petite de me sucer. Elle suce très bien. Et puis maintenant, quand je parle de Fred, il n'y a que toi et moi qui sachions exactement de qui il s'agit. Bon, où veux-tu aller déjeuner, ma petite poule ? À la Closerie des Lilas ?

— ... Non. Je crois qu'on devrait plutôt aller faire un tour au bois de Boulogne.

— Pourquoi là-bas ?

— Je voulais te montrer un endroit où je me suis fait surprendre en plein attentat à la pudeur. J'ai comme un lien sentimental avec ce lieu-là. Et puis il y aura plein de putes, ça ne te changera pas de tes copains, pas vrai ? Quoique ce n'est pas très gentil pour les putes de dire ça.

— Et si je te jette dehors sur le périphérique, ça ne te dérange pas ? Franchement, je ne sais pas ce qui me retient...

— Ce qui te retient, c'est que tu vas jouer à ton jeu favori : tromper ta poupée actuelle avec l'ancienne. Tu adores ça.

— C'est vrai que de cette façon on s'évite les problèmes et il ne reste que la rigolade. Et qu'est-ce qu'il en dit, ton mari ?

— Laisse-le tranquille.

— Si je veux ! Ce sale petit con ! Tu sais combien ça me coûterait de lui faire briser tous les doigts, un à un ? Pas grand-chose, crois-moi, il y en a qui seraient ravis de me rendre ce service.

— Ce serait la meilleure façon de ne plus jamais me revoir. »

Il était encore furieux mais il s'est tu, se concentrant sur les contre-allées du bois de Boulogne où les belles se pavanaient. On passait lentement, elles faisaient des effets de fesses et de seins dans les vitres miroirs. Brusquement, il a accéléré et nous nous sommes enfoncés dans le sous-bois. La tristesse de ces retrouvailles ratées me déprimait et je m'étais perdue dans mes pensées, sans m'apercevoir que nous nous étions éloignés des centres d'activité. Il a arrêté la voiture sous les arbres et s'est jeté sur moi, pour me prendre dans ses bras. J'étais stupéfaite, mais des larmes perlaient à mes yeux, car la situation me rappelait trop un certain événement dramatique, advenu dans les sous-bois, lorsque j'avais quinze ans. Autoritaire, il arracha ma culotte et me pénétra brutalement de ses doigts. À grand-peine, je retirai sa main, mais il avait déjà sorti son pénis.

« Tourne-toi.

— Pas sans capote, Michel.

— Tu te fous de ma gueule ?

— Non. Tu n'as pas entendu parler du sida ?

— Qu'est-ce que c'est ? Encore un truc d'intellos ! Mais je crois rêver ! Madame s'est mariée et maintenant il faut la baiser avec une capote ! »

Je suis sortie de la voiture et je me suis enfuie en courant. Sa voiture m'a rattrapée et coupé la route. Il a ouvert la portière.

« Allez, viens. Ne sois pas stupide. Je ne te ferai pas de mal. »

Mais plus d'une fois, Michel avait levé la main sur moi. En cet instant, j'étais si bouleversée que je ne savais plus si je devais lui faire confiance.

« Allez, viens. Tu as oublié ton sac. »

La phrase était si anodine qu'elle m'a rassurée et toute mon angoisse s'est dissoute. Je suis montée dans la voiture, il a arrêté le moteur et m'a pris la main. On est restés comme ça sans rien faire, le temps de redescendre. Finalement, il m'a demandé ce que je voulais, et je lui ai répondu qu'il me ramène place de l'Opéra. Il n'a rien ajouté, mais ses mâchoires se sont crispées. On a roulé un long moment en silence, c'était difficile de se dire quoi que ce soit. Puis il s'est décidé.

« Dommage qu'on ne puisse plus se parler.

— Moi, je crois malgré tout que le point de non-retour n'a pas été atteint…

— Ça t'arracherait la gueule de dire les choses simplement, pas vrai ? Pourtant, j'aimerais bien te croire… Alors, je peux t'appeler ?

— … Non. C'est moi qui t'appellerai.

— Il faut toujours que ce soit toi qui commandes, pas vrai ? Tu ne peux pas simplement te laisser aller ?

— Tu oublies que j'ai un mari.

— Non. Je ne l'oublie pas, au contraire, je lui suis très reconnaissant, pour une fois que c'est moi qui mets les cornes à un mec ! C'est vrai que c'est marrant. Tiens, au fait, tu sais que je porte toujours le bijou que tu m'as offert ?

— C'est vrai ? »

J'adorais cet anneau, une reproduction d'un bijou en toc que je lui avais offert lorsque nous étions pauvres. Je l'avais fait copier en or et diamants chez Chaumet. Tout l'argent que j'avais gagné dans le cinéma y était passé. Le fait qu'il la porte encore était la preuve de son attachement. Je me sentis flattée. Pour peu de temps. Il me transperça de son regard vert et ironique.

« Tu as eu raison de mettre cette dédicace, c'est tellement pratique ! "De la part de Fred, pour toujours." Tout le monde croit que c'est la petite Fred qui me l'a offert ! Et je ne démens pas ! Ah, ah, ah !!! »

Je pleurais à présent à chaudes larmes et Michel jubilait. Je le détestais, mais en même temps j'avais envie de l'embrasser. Je me suis retenue de toutes mes forces, y compris lorsqu'il s'est penché sur moi pour m'ouvrir la porte et qu'il m'a glissé un papier dans la poche.

« Mes téléphones. Tu m'appelleras, alors ?

— Oui. Mais laisse-moi le temps.

— Pfft, le temps… C'est justement ce qui me manque.

— Il faudra t'y habituer.

— N'y compte pas trop. »

Il est parti dans un rugissement de moteur. Je ne savais que penser, mais il était évident qu'en dépit de tous nos efforts rien n'était fini. Je n'arrivais pas à déterminer s'il s'agissait d'une bonne ou d'une mauvaise nouvelle. Je suis rentrée à la maison, où Olivier photographiait obstinément mes chaussures. Il m'a annoncé que nous partions pour Bali, en Indonésie. Le voyage fut un désastre. En dépit des recommandations des guides, Olivier réalisa des photographies des temples sacrés, s'attirant ainsi la malédiction de l'*amok*. Une nuit de folie, nous nous sommes déchirés comme jamais. Je traînai quelques semaines sur les plages de Kuta, le temps de cicatriser, plus paumée que jamais.

Lorsque je revins en France, des amis compatissants nous invitèrent dans une villa à Sainte-Maxime. Mais je ne supportais plus que mon mari m'approche. Un soir, à la télévision, un reportage montrait l'arrivée triomphale de Michel sur la Croisette. Je suis partie dans ma chambre, j'ai fouillé toutes mes poches et j'ai enfin retrouvé le fameux papier. Il y avait inscrit les numéros de sa villa, dans l'arrière-pays cannois. Je suis sortie et je l'ai appelé d'une cabine. Il m'a tout d'abord fait remarquer que j'avais beaucoup tardé, beaucoup trop. Je lui ai confié que plein de choses s'étaient passées, mais je n'osai pas avouer les événements de Bali. L'appareil tinta, signalant que je devais remettre des pièces. La voix de Michel s'étrangla brusquement au milieu de la phrase.

« Quoi ? ! Tu m'appelles d'une cabine ?

— Attends, je remets des pièces.

— Mais tu es où ?

— À Sainte-Maxime… Tu veux qu'on se voie ?

— Avec ton mari ?… Je suis très occupé. »

Il a raccroché. Je ne savais plus quoi faire ni penser. Je suis rentrée à Paris. Quelques heures plus tard, Peggy m'a appelée. Elle pleurait et je ne comprenais rien à ce qu'elle disait. Alors soudain elle a hurlé dans le téléphone : « Fred, assieds-toi !!! »

Je me suis effondrée sur le sol lorsque j'ai compris. C'était atroce, abominable, une langue de feu me dévorait de l'intérieur et je me suis mise à hurler tant je souffrais d'avoir perdu pour toujours celui que je n'avais pas su aimer. J'ai pris mon vélo et j'ai brûlé tous les feux rouges que j'ai croisés. Curieusement, j'avais la priorité quand la moto a aplati ma roue avant, carrefour Wagram. J'ai volé dans les airs sur quinze mètres, et lorsque je me suis relevée du roulé-boulé, je n'avais qu'une égratignure au genou. En dépit de mes larmes, qui effrayèrent alors tous les témoins, j'ai su que je continuerais à vivre, que j'étais condamnée à vivre l'enfer de mes remords.

L'ACCIDENT

Voici ce monde où chaque tournant de la route est un décor pour dire adieu.

Kléber Haedens

Il va mourir. Comme, avant lui, Patrick Dewaere. Comme Daniel Balavoine, dans les premiers jours de cette année 1986. Comme, bientôt, dans quelques mois à peine, Thierry Le Luron. Comme, dans quelques années, Michel Berger, qui lui avait demandé avec beaucoup d'émotion de devenir le parrain d'un de ses enfants.

La génération saccagée, c'est la sienne, celle de tous ceux-là… Qui encore ? On repense à une chanson que Michel Berger avait enregistrée avec le concours de Balavoine. Ça s'appelle « La Minute de silence ».

Écoute ce qu'il reste de nous
Immobile et debout
Une minute de silence
Ce qu'il reste, c'est tout
De ces deux cœurs immenses
Qui s'amusaient de tout.
Et fais quand tu y penses
En souvenir de nous
Une minute de silence.

Au mois d'avril 1986, au Zénith, Michel Berger chante « La Minute de silence », seul, en souvenir de Balavoine tué dans le Paris-Dakar trois mois plus tôt. Il demande qu'on n'applaudisse pas à la fin de la chanson. Et pas un son ne vient troubler l'autre minute de silence offerte à l'ami envolé.

Quand on écoute cela aujourd'hui sur un enregistrement *live*, sachant que, deux mois après, c'est Coluche qui partait, que, six ans plus tard, Berger était frappé, on tremble d'une émotion soudain si forte : et si cette « Minute de silence » était bien plus qu'une simple chanson ?

En ce mois de juin 1986, Coluche a réappris à vivre. Son destin hésite encore à le tuer.

Bientôt, il va faire sa grande rentrée sur la scène du Zénith, ses émissions de Canal+ marchent à merveille... Il serait presque heureux s'il en était capable. Mais il n'en est pas là encore. Vivre, ce n'est pas si mal. Il s'y essaie.

En mai, il a rejoint Cannes quelques jours avant le Festival. Cette année-là, *Tenue de soirée* est l'un des grands événements – Depardieu et Michel Blanc, mi-homos mi-travestis – que tout le monde veut voir.

À la veille de l'ouverture, il va créer « son » événement en remontant la rue d'Antibes, tout en effectuant un étrange strip-tease à l'envers... Il a quitté son hôtel, le Martinez, vêtu d'un short pour tout vêtement. Dans la rue d'Antibes, il s'arrête presque chez chaque commerçant et achète à l'un une robe, à l'autre des escarpins, à un troisième une perruque, puis des bijoux, de la lingerie. Il enfile ses achats les uns après les autres et finit même par se faire maquiller dans une parfumerie ! Puis il continue sa balade dans Cannes, jouant *Tenue de soirée* en avant-première à des centaines de passants qui n'en reviennent pas.

Le lendemain, il remet ça : c'est fardé et « roulé » dans une minijupe moulante qu'il va saluer ses potes du métier. Et leur dire au revoir en même temps puisqu'il quitte le Martinez, le Festival, Cannes et les farces dont il a retrouvé le goût.

Il s'en va dans l'arrière-pays, à Châteauneuf-de-Grasse où il loue une propriété – un ancien monastère – suffisamment vaste pour l'accueillir avec tous ses amis.

Là, au rythme du soleil, entre deux parties de baby-foot, deux plongées dans la piscine, quelques escapades à moto du côté d'Opio, Mougins, Grasse, il travaille. Son inspiration ressuscitée donne le meilleur. Sur un petit magnétophone, il enregistre des morceaux d'idées qui jaillissent, des petites phrases qui, bientôt, feront mourir de rire des centaines de milliers de gens.

Il prépare son Zénith, son retour, son triomphe.

Quand Paul Lederman lui téléphone, il est heureux de lui jouer des bribes de sketches. Et Lederman est heureux d'entendre défiler le talent de Coluche dans le combiné. Il va le voir, passe une journée avec lui, fait un point complet et repart le cœur en fête : le travail de Coluche est extraordinaire !

Déjà, celui-ci a prévu de roder son spectacle au Café de la Gare, chez Romain Bouteille. Il faudra faire ça en juillet car septembre arrive vite. Rien que des promesses en perspective. Les menaces se sont éloignées.

La petite Fred n'est pas à Châteauneuf-de-Grasse. Elle est restée à Paris pour préparer l'enregistrement d'un 45-tours dont elle a écrit les paroles : *Pourquoi les filles aiment les voyous*.

C'est Coluche qui lui a conseillé de rester rue Gazan pour répéter avec ses musiciens. Le disque auquel elle travaille, il l'a supervisé et il tient à ce que ce soit un succès.

« Il m'appelait au téléphone tous les jours. Il me disait plein de choses gentilles et que je lui manquais », a-t-elle raconté à Jean Poggi pour *Télé 7 jours*.

Le week-end des 14 et 15 juin, il est tout de même remonté à Paris. Une course de stock-cars en spectateur à Montlhéry, une participation à un concert de SOS-Racisme.

Dès le lundi, il a retrouvé à Châteauneuf-de-Grasse Ludo, Didier, Aldo et aussi Mathilda May, la comédienne, et son compagnon venus passer quelques jours avec eux.

Le 19 juin est un jeudi. En tout début d'après-midi, Coluche, Ludo et Didier décident de s'offrir une balade à moto jusqu'à Cannes. Ils prévoient de rentrer pas trop tard car, en ce mois de juin 1986, la France vit à l'heure de la Coupe du monde de football qui se déroule au Mexique. Il y a un match important en fin d'après-midi.

Les trois amis prennent la départementale numéro 3. Ils remontent le long des petites routes de l'arrière-pays. L'air tiède et parfumé se laisse déchirer comme une soie. Le soleil, voilé par quelques nuages floconneux, dispense une lumière douce.

« Seul l'instant est béni, le reste n'est que souvenirs », a dit un jour Jim Morrison. Pour Coluche, cet instant-là est béni et il n'aura pas le temps d'en faire un souvenir. Sur sa grosse moto, une Honda 1100 armée de 140 CV, il rayonne.

« C'est un rapport de caresses qu'il y a avec une moto, disait-il. Ce n'est pas un truc qu'on a entre les jambes et qu'on domine. On est couché dessus. On la baise… »

Il roule doucement, derrière ses copains. Soixante kilomètres à l'heure au maximum. Il savoure son bonheur sans désir de vitesse. D'ailleurs, il n'est pas équipé pour une course folle : un short et un tee-shirt roses, un petit casque accroché au guidon.

À l'approche d'Opio, il accélère légèrement, dépasse Ludo et Didier. Un peu plus loin, il doublera deux automobilistes paresseux qui se traînent sur la route étroite bordée de pépinières. Sur le bord de la route, un panneau annonce : « Miel à 400 mètres. »

Voilà qu'au sortir d'une courbe un gros camion de 38 tonnes lui barre la route !

Soixante mètres environ entre la moto qui surgit et l'énorme engin qui manœuvre pour entrer dans un petit chemin de terre menant au chantier où il doit déposer une charge de pierres. Déjà, le tracteur du semi-remorque est engagé. Mais il n'aura jamais le temps de libérer la route.

Coluche a compris qu'il était inutile de freiner. Il a senti aussi qu'il fallait coucher sa moto, l'affaisser au maximum sur la gauche pour mettre son engin entre le camion et lui, prendre le choc par-dessous, glisser sur le bitume et, si possible, lâcher prise avant qu'il ne soit trop tard.

Peut-être même, avec un peu de chance, pourrait-il, ainsi couché à ras du sol, passer sous le camion, dans l'espace d'un mètre de hauteur qui se découpe entre les roues et la carlingue. Mais il n'aura pas de chance. Pas la plus mince. Au bout de la vertigineuse glissade, sa tête a violemment heurté le phare avant droit du poids lourd. Si violemment que la femme de l'horticulteur voisin, qui tapait pourtant à la machine dans son bureau distant d'une centaine de mètres, a été effrayée par le bruit du choc !

Déjà, Didier et Ludo sont là. Le premier prend Coluche dans ses bras. Seul un peu de sang coule de son crâne… Ça ne peut pas être grave, même si sa tête fait un angle bizarre avec son corps…

Ludo est devenu comme fou de douleur. Il voudrait étrangler le chauffeur du camion prostré, déjà brisé, dans sa cabine. Il faut appeler, prévenir les pompiers, le SAMU, les secours, le monde entier.

« C'est Coluche ! » hurle Ludo qui trouve un téléphone chez le pépiniériste.

« C'est Coluche ! » hurle-t-il aux pompiers auxquels il réclame un hélicoptère.

Il revient vers l'image du malheur. Elle est allongée là, dans les bras de Didier qui lui parle tout doucement.

Tout à l'heure, dans quelques minutes, c'est le médecin qui parlera tout doucement à Didier. En tentant de le désagripper du corps de Coluche…

« Il est mort », murmure le médecin à l'ami qui ne veut pas entendre.

Déjà un moment que Coluche est mort : il a été tué sur le coup. Il devait être 16 h 40.

À 17 h 15, Europe 1 sait et pleure. Mais se tait encore : Lederman a demandé un délai d'une demi-heure pour pouvoir prévenir Monette, qui vit dans un appartement sans téléphone, et Danièle, la sœur de Coluche.

À partir de 17 h 45, la radio bouleverse ses programmes. On repasse du Coluche, on ouvre le micro à ses amis. Miou-Miou s'effondre en larmes, Maryse craque, Carlos pleure. Romain Bouteille, que les journalistes sont allés dénicher au Café de la Gare, repense à la malédiction de la gloire. Une vieille litanie.

Véronique vient de récupérer Marius, dix ans, et Romain, quatorze ans, de retour de l'école.

Paul, Claude Martinez et quelques autres descendent le soir même à Nice. Monette les accompagne. Elle veut aller revoir son Mimi. Fred, la petite Fred, a appris la nouvelle par téléphone. C'est sa mère qui l'a appelée.

« Elle n'a pas eu besoin de me dire, au son de sa voix j'ai su qu'il venait d'arriver quelque chose à Michel. »

Le vendredi, le corps de Michel Colucci est rapatrié à Paris.

Le lendemain, Fred se recueille, rue Gazan, sur la dépouille de son amour. Véronique arrive en moto, tout un symbole. Elle aussi se recueille avant de s'asseoir à une petite table de bistro, entre les flippers et le baby-foot du célèbre « salon » de la maison. Elle est ailleurs, immergée dans le passé. Dans une chambre voisine, Monette gémit, accablée par le chagrin.

Le cercueil est fermé. La veille, avant le transport en avion, il a été mis en bière à l'Athénée de Grasse. Une chemise blanche parsemée de petits cœurs rouges, un de ses vieux pantalons larges à bretelles, ce sont les vêtements qu'il porte pour son ultime voyage.

Paul a songé à faire dresser une chapelle ardente à la Madeleine. Mais il y a vite renoncé. Coluche n'aurait pas aimé. Trop grand, trop beau.

Le cercueil est donc exposé rue Gazan où se pressent les milliers de personnes qui veulent lui dire au revoir. La grande Fred est là, elle aussi, au milieu de la foule des anonymes, tellement abattue qu'on tarde à la reconnaître et à la faire entrer.

Dans la maison, le ménage n'a pas été fait :

« Coluche n'avait pas l'habitude de tricher, explique Lederman. Je crois qu'il aurait été content. »

C'est à Paul que Michel avait dit en riant un jour, il n'y a pas si longtemps : « Mon enterrement, je veux que ce soit toi qui l'organises. Au moins, je suis sûr que le spectacle sera bon et qu'il y aura du monde ! »

Le dimanche, dans plusieurs villes de France, les motards rendent hommage à leur copain.

À Paris, un millier d'entre eux se rassemblent sous la tour Eiffel, traversent Paris en pétaradant et se retrouvent à 17 heures à la Bastille rebaptisée place Coluche pour une nuit !

Dans deux jours, Coluche s'en ira pour de bon.

« Je veux une messe, a dit Monette.

— Vous voulez aussi une croix sur le cercueil ? lui a demandé Lederman.

— Non, non tout de même pas, mon petit Paul. La messe, elle est pour moi, et pour Danièle, ma fille. Mais je ne peux pas imposer ça à Michel. Il serait furieux. »

Le mardi 24 juin à 10 h 30, le cercueil pénètre sous le porche de l'église Saint-Jacques-le-Majeur de Montrouge. Le ciel est lourd. Gris. Seule la foule est bigarrée. Des riches, des pauvres, des anonymes, des célébrités, des Noirs, des Blancs, des Beurs, des Africains, des Portugais, des Arabes, des Espagnols, des Ritals, des bourgeois du XVIe et des ouvriers de banlieue… Michel Colucci a réuni le monde entier. Et même plusieurs mondes ! La grande Fred est encore là, au cimetière, mais de loin. Elle se refusera à rentrer dans l'église persuadée que Michel n'aurait guère apprécié cet hommage.

Il défile devant eux et, spontanément, ils l'applaudissent puis font silence quand s'élève, répercutée par les haut-parleurs, la voix du curé :

« Nous t'accueillons, Michel Colucci, comme un habitant de Montrouge. C'est ainsi que ta famille l'a voulu. »

Maintenant, c'est la famille et les proches qui pénètrent dans l'église.

Monette, la maman, bouleversante dans sa robe blanche et noire, s'aide d'une canne pour marcher. Pour elle, l'émotion est trop forte : elle s'écroule, victime d'un malaise. On l'emporte à la sacristie. Il faudra vingt minutes avant qu'elle puisse rejoindre le premier rang de l'église.

Sur le même banc, tout près, Véronique ! Serrés contre elle, Marius et Romain, vêtus de blousons rouge et bleu.

À trois bancs derrière eux, a pris place la petite Fred. Et là, tout près, Paul Lederman et d'innombrables célébrités du monde du spectacle : Yves Montand, Roman Polanski, Miou-Miou, Philippe Léotard dont les joues ruissellent de larmes. Johnny Hallyday a interrompu le tournage d'un film en Hongrie pour être là. Il y a aussi Michel Leeb, Richard Berry, Josiane Balasko, Hugues Aufray. Et puis, Richard Anconina et Agnès Soral, ses partenaires de *Tchao Pantin*.

Harlem Désir, auquel Michel a donné un sacré coup de pouce pour son SOS-Racisme, côtoie Claude Piéplu, Michel Creton, Thierry Le Luron, Yves Mourousi.

L'abbé Pierre, pour lequel Coluche avait tant d'admiration et qui, avec ses Pèlerins d'Emmaüs, lui avait indirectement donné l'idée de ses Restos du cœur, va, au long de son éloge funèbre, vanter les qualités de cœur de Michel.

« Il a été l'homme qui, jusqu'à risquer son pain, a voulu que son oui soit oui, que son non soit non et que les plus souffrants soient servis les premiers. Imitons-le ! » dit-il de sa voix vibrante mais ferme. Une voix qui bien souvent risque de se briser lorsqu'il évoque ce jour de mars dernier où Coluche a demandé à le voir.

Le prêtre des déshérités, qui vit retiré chez les moines de l'abbaye de Saint-Wandrille, non loin d'Yvetot, explique qu'il ne savait pas pourquoi le comédien voulait le rencontrer.

« La scène se passait à la communauté de Charenton. Je ne l'avais jamais vu. »

« Beaucoup de journalistes de la télévision, les radios, ajoute-t-il en regardant avec tendresse les fils de Coluche, sont venus me trouver au monastère, me demandant : “Qu’est-ce que vous pensez de ce que fait le clown, le pitre Coluche ?” Alors, je leur ai dit : “Premièrement, je ne le connais pas, deuxièmement, c’est vrai que l’on a faim en France, troisièmement, je dis bravo pour toute action honnête entreprise pour mettre fin à la souffrance.” »

Puis, s’adressant directement à la mère de Coluche, à Monette, il relate ce moment où il s’est retrouvé pour la première et la dernière fois face à son fils qui avait sollicité ce rendez-vous.

« Je suis venu, madame, et on m’a dit : “Il est là.” Je suis entré dans la petite salle à manger de la communauté de Charenton… Il était là comme un grand gosse timide et maladroit, debout. Il y a eu un long, très long silence. Et puis, il a mis la main dans sa poche. Il a posé un chèque sur la table et a dit simplement : “Eh ben, voilà !” C’était un chèque de cent cinquante millions de centimes. »

Cent cinquante millions que Coluche lui remettait pour sa communauté. Cent cinquante millions qui représentaient le reliquat des fonds recueillis pour les Restos du cœur.

« Il m’a simplement demandé de garder le secret sur ce don », ajoute le prédicateur avant de préciser qu’il se sent délié de ce secret, maintenant que Coluche n’est plus là.

Dans l’église de Montrouge, l’émotion est à son comble. Tous, toutes, comédiens illustres ou fans inconnus se regardent, bouleversés.

À côté de Monette, ses petits-enfants se pressent contre Véronique leur maman qui, dans son tailleur noir, les yeux rougis de pleurs cachés par des lunettes sombres, les entoure de sa tendresse.

L’abbé Pierre, se tournant de nouveau vers la maman de Michel qui s’appuie d’une main sur sa canne et de l'autre étreint son chapelet, a cette phrase superbe qu'il scande de sa voix passionnée :

« Ah, madame ! Ah, mes amis, si vous entendez des gens dire : "Il ne respectait rien", dites-leur que ce n'est pas vrai, que quand il y avait des sujets qui méritent le respect, il était grand ! »

Bouleversée au point d'oublier qu'elle se trouve dans un lieu de culte, l'assistance applaudit...

Puis, tandis que ces paroles si fortes, si dépouillées, résonnent encore dans les oreilles et le cœur de l'assistance, les officiants, après avoir béni le cercueil, demandent aux fidèles de se rendre au cimetière de Montrouge.

Il est 11 heures quand le convoi se reforme devant le parvis de l'église. À ce moment, une voix s'élève et dit :

« Messieurs les motards, voulez-vous prendre la tête du cortège ? »

Aussitôt, dans un formidable vacarme, deux cents à trois cents grosses bécanes se groupent et pendant vingt secondes font rugir leurs machines, puis démarrent en trombe. Huit grosses cylindrées « officielles » d'amis, de proches, sont restées là et sans bruit, cette fois, se placent devant les fourgons et le corbillard.

Juste derrière le convoi, Véronique, ses deux garçons et Paul Lederman. Puis vient Danièle, la sœur de Michel, suivie de tous et toutes...

Le cimetière en bordure du périphérique n'est pas loin. Trois cents mètres à peine. Il suffit de traverser l'avenue. On s'y rend à pas lents. L'adieu, on le sait, n'est pas fini. Là-bas, d'autres scènes bouleversantes se dérouleront...

Et d'abord, à l'entrée du cimetière : les centaines de motards qui ont fait devant l'église une pétarade assourdissante en guise de « minute de silence » sont là, attendant, une fois encore, « leur » Coluche. Quand le corbillard passe par la haie qu'ils ont formée spontanément, ils brandissent à bout de bras et sans se concerter leurs casques au-dessus de leurs têtes.

Le cimetière est déjà noir de monde. Par milliers, ils sont là. Ils se taisent. Certains, certaines, pleurent mais vite cachent leurs larmes. Coluche n'aurait pas aimé ça. Lentement, on se dirige vers le caveau de famille des Colucci.

C'est une simple pierre tombale de grès ornée d'une croix. Michel va y être enseveli au côté de son père, Honorio. Près aussi de son grand-père, Honorio, et de sa grand-mère, Maria. Il va reposer là, à quelques dizaines de mètres de cette bande de terrain qu'on appelait autrefois la « zone » et où, dans les années 1950, il venait jouer au foot avec ses petits copains du quartier.

Là, à quelques mètres du caveau Colucci, une estrade est dressée pour ceux qui dans quelques instants vont prononcer des discours. « Discours » ! Le mot l'aurait fait rire !

Au coude à coude, autour des « officiels » que sont Hervé Bourges, président de TF1, Jean Tiberi, maire du Ve arrondissement de Paris et qui représente Jacques Chirac, Serge July, directeur de *Libération*, il y a là toute la foule des saltimbanques : Michel Blanc, Gérard Jugnot, Dominique Lavanant, Michel Boujenah, France Gall, Michel Berger, Philippe Lavil, Tom Novembre, Jacques Higelin, Renaud, Jean-Jacques Goldman, Pierre Vassiliu, Line Renaud, Jean-Luc Lahaye et tant d'autres encore !

Pendant ce temps, loin de Paris, loin des célébrités, à Opio, dans les Alpes-Maritimes, d'autres potes se sont réunis à l'endroit même où Coluche a trouvé la mort. Ils sont une cinquantaine, leur bouquet à la main, qui sourient tristement.

Des fleurs s'entassent au pied d'une croix de bois qui prend des allures de calvaire. Pas d'inscription. Mais, par terre, des billets d'amour où quelques mots sont griffonnés : « On va te regretter », « À Coluche notre pote ».

Les responsables des Restos du cœur de la Côte d'Azur déposent un coussin d'œillets roses sur le talus. Ils lisent un poème où l'on parle de Lucien le clochard habitué des Restos de Coluche. Un poème qui se termine par ces mots : « Le restaurant du cœur aura, pendant cent jours, à Lucien comme aux autres, donné un peu d'amour. »

Lucien écoute, la casquette à la main, le regard un peu perdu dans son visage mal rasé. Puis il ajoute simplement :

« J'y venais tous les mardis cet hiver, au restaurant de Coluche. »

Quelqu'un lui prend la main. Une ronde se forme pour écouter la chanson des Restos du cœur, jouée par une radiocassette posée sur la route, à l'endroit précis où le destin, sous la forme d'un gros semi-remorque, attendait Coluche.

À Lille, au même instant, les chauffeurs de taxi ont mis un crêpe sur l'antenne de leur radio. Ils ont répondu ainsi au tract d'un collègue qui disait :

« Je vous demande à vous tous, chers enfoirés, de lui dire un ultime au revoir et de lui témoigner toute votre sympathie en habillant de deuil votre taxi. »

À Paris, la cérémonie se poursuit. Jacques Attali, en quelques mots, rend hommage à « celui qui est à l'avant-garde de la sincérité et de l'exigence »... « Il faut être scandaleux pour lutter contre le scandale, et son rire est le début de la révolte. »

Mais après ces phrases pleines d'intelligence, voici que ce « presque ministre » lance pour conclure cette simple et familière apostrophe en fixant le cercueil du comédien : « Salut, ma poule ! »

Yves Montand, qui n'a pas préparé de discours, s'adresse lui aussi directement à ce Coluche auquel il dit, la voix cassée par l'émotion :

« Je suis là aujourd'hui parce que ton ami Lederman m'a dit que tu partais en voyage et que tu aurais souhaité que je sois près de toi. Alors, voilà, je suis près de toi. Et comme on dit dans le Midi, ça me fait bien plaisir ! Mais j'aurais préféré te rencontrer et te retrouver dans d'autres circonstances. Ceux qui t'aiment sont une minorité qui fait une drôle de majorité. »

Et, emporté par le chagrin de cette mort d'un copain du spectacle, venue neuf mois seulement après celle de sa femme, il lâche, comme en colère :

« Je ne sais qui de Simone ou de toi est le plus enfoiré, mais ce que je sais, c'est que vous ne perdez rien pour attendre. »

LES ANNÉES PASSENT…

Dire : je suis là où vous ne m'attendiez pas. Ça, j'espère le faire toute une vie. La vie est finie quand tu ne surprends plus personne.

Coluche

Comme si le temps qui passe nous remplissait de lui. Bientôt trente ans. Il est là, présent, grinçant, à peine vieilli.

Bien sûr qu'il manque. Mais il est si peu parti.

Pour qu'il s'efface, il aurait fallu le remplacer. Mais bon…

Après, quand tout le monde a eu quitté le cimetière et la tombe sur laquelle il aurait tant voulu que fût écrit : « Circulez, y a rien à voir », la vie a – comme on dit – repris ses droits.

Mais les choses ne sont pas si simples. Avec lui, rien n'a jamais été simple, d'ailleurs. Sa mort n'a épargné personne. Et si presque rien n'a changé, rien n'a continué comme avant.

Véronique Kantor a retrouvé son nom de femme mariée.

La petite Fred a gardé Arthur, le chien qu'il lui avait offert. Dans le premier mois, quand le chagrin était trop fort, elle allait au cimetière de Montrouge pour être plus près de lui. Pour lui parler. Les années ont passé, la blessure est restée. Puis, Arthur est mort. La petite Fred s'est mariée.

Renaud a écrit une chanson au milieu de ses larmes et il l'a chantée dès l'été 1986. Ça s'appelle « Putain de camion » :

Putain, c'est trop con
Ce putain d'camion
Mais qu'est-ce qu'i foutait là
Putain de vie d'merde
T'as roulé dans l'herbe
Et nous, tu nous plantes là [...]
Dans ma tête y fait froid [...]
Lolita a plus d'parrain
Nous on a plus notre meilleur copain
T'étais un clown mais t'étais pas un pantin.

Les Restos du cœur continuent. Comme s'il était toujours là. Car tous ceux qui l'aimaient ont voulu poursuivre son œuvre. Assurer le relais pour que les Restos lui survivent. L'année qui a suivi la mort de Coluche, les Restos ont distribué plus de vingt-deux millions de repas, bien plus que les deux premières années !

Au printemps 2006, à la fin de la vingt et unième campagne des Restos, près de soixante-dix millions de repas avaient été distribués, et un sondage récent montrait que les Restos du cœur sont l'association dans laquelle les Français (85 %) ont le plus confiance.

Le 7 avril 2006, en direct de Lyon, la grande soirée des Enfoirés, avait attiré quinze mille spectateurs à la Halle Tony Garnier et plus de dix millions de téléspectateurs sur TF1.

Un triomphe comme chaque année. Un peu plus fort chaque année. Avec, dans la foulée, des millions de disques et de DVD vendus. Tout cet argent généré par des jeunes gens gâtés par le destin et décidés à faire profiter de moins heureux, de moins gâtés, de ce que leur chance, leur talent et leur célébrité leur avaient apporté.

Telle était l'idée de Coluche, ils n'y ont pas touché, les Goldman, Renaud, Bruel, Carla Bruni, Muriel Robin, Lorie, Corneille, Chimène Badi... De génération en génération, le message se transmet. Et la mission.

Paul Lederman a perdu Thierry Le Luron trois mois après l'accident du 19 juin. Une autre mort, d'autres larmes. Il a continué, le cœur lacéré d'une cicatrice supplémentaire. Il a découvert les Inconnus et, bien sûr, il en a fait des stars. Aujourd'hui, il ronchonne quand il voit à quel point la télévision exploite le talent comique de son Coluche. Il a eu tellement de difficultés à le faire passer à la télé, au début !

Il semble que chaque jour qui passe le rende plus drôle, plus populaire.

Des enfants nés bien après sa mort le découvrent dans sa salopette de clown et disent des bouts de sketches.

Pour d'autres, plus âgés, il sert de modèle, de référence.

Tombera-t-il dans l'oubli ? Cessera-t-il d'être à la mode un jour ?

« Oui, répond Lederman. Quand il n'y aura plus de connerie sur terre. On n'y est pas ! »

Monette a continué son chemin de larmes. Monette qui a voulu pour Mimi l'émouvant et étrange mausolée du cimetière de Montrouge et qui, du coup, s'est mis la famille Colucci à dos !

Michel est enterré auprès de trois membres de sa famille paternelle, et tout le monde n'apprécie pas le mausolée... Ils ont même voulu le faire détruire. Et sont intervenus vigoureusement auprès de Monette pour qu'elle interdise aux fans de déposer quoi que ce soit autour du caveau.

Quand un jeune sculpteur et l'association Le Geste qui gérait les Restos du cœur du Vaucluse ont voulu lui offrir une statue d'un mètre de haut à placer sur la tombe de son fils, Monette a dû, le cœur brisé, refuser. Jamais sa belle-famille n'aurait accepté.

Quelques semaines plus tôt, le conseil général des Alpes-Maritimes avait refusé la pose d'une statue grandeur nature de Coluche sur la départementale 3 à l'entrée d'Opio, à l'endroit même où il s'est tué le 19 juin 1986.

Depuis, Monette a rejoint son Mimi et, au fond, tout cela n'a plus beaucoup d'importance.

Sur la petite route, aujourd'hui, quelques inscriptions peintes marquent encore le souvenir : Coluche... Enfoiré, tu nous manques... Ici s'est tué Coluche...

Sur le côté de la route, une sorte de chapelle ardente. Restent quelques bouquets de fleurs séchées, une boîte vide de bière Heineken. La route est si étroite, si dangereuse, si vicieuse... On ne s'y attarde pas.

À la station-service, à deux cents mètres, on vous renseigne gentiment : « C'est là-bas, vous verrez les inscriptions. Faites attention, les gens arrivent vite ! » Oui, merci, on sait...

Albert A., le chauffeur du camion, s'est tu longtemps. Oublier ? Impossible. Il a dû déménager quatre fois pour échapper à la colère vengeresse des fans de Coluche. Il a vécu dans la peur, l'angoisse, sans savoir si cela finirait un jour. Parler ? Surtout pas. Ne pas attirer l'attention sur soi.

Quand Pierre Blois l'a retrouvé pour *Interview*, d'abord il n'a rien voulu dire, comme pour les autres.

Puis, il a fini par lâcher des bribes, comme des plaintes, plus parlantes en tout cas que de longs discours : « Ils connaissaient mon camion. J'ai eu les pneus crevés, les vitres cassées. J'ai été obligé de repeindre mon camion pour échapper à ses fans… Je l'aimais bien. Quand je le vois à la télé, il me fait toujours rire, bien sûr… C'était un gars qui était bien. Tout le monde l'aimait… Quand je le vois à la télé, j'y pense, bien sûr, mais j'ai été assez emmerdé avec ça. J'ai été obligé de déménager plusieurs fois, de prendre des cachets pour dormir… J'ai été menacé au téléphone… »

Marius et Romain ont grandi. Romain a trente-trois ans, Marius, vingt-neuf. Le plus jeune a tourné dans deux films de Gérard Mordillat, *Cher frangin* et *Toujours seuls*, en 1989 et 1991. Il y était étonnant de fraîcheur. Le cinéma ne lui a pourtant pas ouvert grand les bras. *Les Âmes grises* en 2004, *Quatre étoiles* en 2006… Ce n'est pas énorme. Il a aussi tourné quelques téléfilms et s'est essayé à l'écriture :

« Mais après avoir relu des sketches dont je n'étais vraiment pas satisfait, j'ai tout effacé de l'ordinateur afin que personne ne puisse un jour tomber dessus. »

Marius ressemble à son père d'une façon presque criante et il n'est pas certain que cela lui rende service.

Après avoir passé son bac, Romain est parti à Cambridge perfectionner son anglais. Puis, il est revenu à Paris. Il s'est éloigné de la scène, ou plutôt il n'a pas voulu s'en approcher.

Les amis de toujours, les Renaud, Goldman, Balasko, Eddy Mitchell, Jacques Attali, se retrouvent de temps à autre pour évoquer le temps d'avant… Ils se marrent souvent, essuient parfois des larmes et repartent toujours en se disant que son absence pèse lourd.

Il manque. Il manque à tous. Et pourtant, il n'est pas si loin puisqu'il n'a pas fini de nous surprendre.

« Moi, si j'avais l'occasion, j'aimerais mieux mourir de mon vivant », disait-il. On a parfois envie de penser qu'il a fait mieux encore. Presque trente ans après, il n'est pas si mort que ça.

REMERCIEMENTS

Je tiens à remercier Fred Romano d'avoir puisé dans ses souvenirs : le chapitre « Un amour sans fin » est le fruit de son travail et de sa mémoire.

Table

DU MÊME AUTEUR
CHEZ LE MÊME ÉDITEUR

ANNIE GIRARDOT, UNE VIE DÉRANGÉE

Femme libre de toute appartenance, Annie Girardot a fait sa vie sans donner de leçons, mais sa vie est, à bien des égards, une leçon. D'audace, de liberté, de fraîcheur, d'insoumission. Surtout, ce fut une vie dérangée.

Un père mort quand elle avait 18 mois et qui n'était pas le mari de sa mère. Une petite enfance chez un couple inquiétant et étranger, loin de Raymonde, mère célibataire étudiant pour devenir sage-femme. Une enfance en Normandie, entre les bombardements, la peur et la tendresse d'une maman enfin retrouvée. Le théâtre comme une évidence. Le cinéma comme un défi. Alzheimer, le mal du siècle, pour dernier chemin de croix. Comme un nouveau rôle endossé à son insu. Un ultime personnage, loin de tous les autres, loin d'elle-même.

Avec sa disparition, le 28 février 2011, le théâtre et le cinéma français perdaient l'une de leurs plus grandes et plus attachantes actrices. « Elle était toutes les femmes du monde, écrit Bernard Pascuito. Et toutes les Françaises à la fois. La fragile putain de *Rocco et ses frères*, l'épouse trahie de *Vivre pour vivre*, la *Vieille Fille* séduite par Philippe Noiret, la mère tendre et fofolle d'Isabelle Adjani dans *La Gifle*, le docteur Françoise Gailland, frappée par le cancer… »

978-2-35287-436-2 / H 51-0335-3 / 312 pages / 7,60 €

DALIDA, UNE VIE BRÛLÉE

« Elle a mis de l'ordre dans la maison, a revêtu un déshabillé de soie blanche. Elle a pris soin d'avaler par petites poignées les pilules. Elle a pris la pose – pathétique et émouvante intention d'artiste et de femme soucieuse de séduire jusque dans la mort –, puis elle s'est endormie. Sur sa bouche, on pouvait lire comme un sourire... »

Le 3 mai 1987, Yolanda Gigliotti, plus connue sous le nom de Dalida, quittait la vie, loin de la scène et des projecteurs, fatiguée de jouer la comédie du bonheur. Rien que des larmes, encore des larmes, toujours des larmes... Et le souvenir, à jamais, d'une star de lumière hantée par l'obscurité.

C'est un destin hors norme que retrace Bernard Pascuito. Une vie de gloire et de drames, restituée grâce aux témoignages inédits d'Arnaud Desjardins, son amour secret, qui lui fit découvrir la philosophie de l'Inde, de Jack-Henry Soumère et de Jean-Luc Lahaye, qu'elle connut et hébergea lorsqu'il venait d'avoir dix-huit ans...

ISBN 978-2-35287-312-9 / H 50-9256-4 / 284 pages / 8 pages de photos / 7,65 €

Cet ouvrage a été composé
par Facompo
à Lisieux (Calvados)

Impression réalisée par

BLACKPRINT IBERICA

en juin 2014
pour le compte des Éditions Archipoche

Imprimé en Espagne
N° d'édition : 310
Dépôt légal : juillet 2014